現代日本の企業・経済・社会 第2版

金賀雅史・岡本純 編著

学文社

執 筆 者

祝田　　学	岡崎女子短期大学現代ビジネス学科准教授	（第1章，第2章）
＊岡本　　純	名古屋学院大学商学部・同大学院教授	（第3章，第4章）
磯貝　　明	人間環境大学人間環境学部・同大学院教授	（第5章，第9章）
大濱賢一朗	名古屋外国語大学現代国際学部准教授	（第6章，第7章）
＊釜賀　雅史	名古屋学芸大学ヒューマンケア学部・同大学院教授	（第8章，第10章）

（執筆順／＊は編者）

はしがき

　日常生活において一般に話題として取り上げられる経済事象といえば，株や為替の動き，景気動向をはじめ，企業行動・産業界の動向など，国民生活上の諸問題をも包括するもので，その内容は多岐にわたります。それらは，経済学のみならず経営学の範疇で扱われるものも多く含んでいます。無論，経済学と経営学はそれぞれ独自の学問体系の上に成り立つもので，その方法論も異なりますが，そのように社会経済の出来事に関心をもち「経済を知りたい」と思っている人（学生）には，「学」としての経済学や経営学を学びたいというよりは，そのようなさまざまな経済的事象，いわば広義の「経済」について基本イメージをもちたいと考える人が多いようです。

　そうした人たちを念頭に置き，経済的視点に立って日本社会をウォッチングする「日本経済へのいざない」の書として，そして同時に経済学や経営学で扱われる基本概念も確実に学ぶことができる入門書として本書の初版は2013年に企画され，出版されています。この第2版は，初版における諸データを更新するなど修正を加えています。

構成と展開

　当著は2部構成となっています。

　Part Ⅰは「企業と産業」（ミクロとセミマクロの視点から）。ここでは，産業の動向（セミ・マクロ）をも視野に入れ，企業の行動原理に関する知識を平易に解説します。

　Part Ⅱ「経済と社会」（マクロ）では，日本経済の基本構造を大つかみに把握するのに必要なマクロ経済学の基礎概念を解説します。そして，日本経済のあゆみと日本社会が抱える諸問題を検討します。

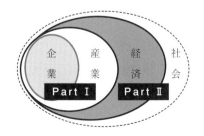

【本書の特徴】本書は，本文が平易に

「です」「ます」調で書かれていますが，他に学習しやすいよういくつかの工夫を施しています。
①各章のとびらの頁には，その章のねらい・概要とキーワードを提示しました。
②各章に，コラム"コーヒー・ブレイク"を置き，本文の展開を別の角度からフォローし，その理解を深められるよう配慮しました。
③本文の内容の理解をより確かなものとし，さらに学習を発展させられるよう，各章末に学習課題【考えてみよう】を置きました。

　本書は，教養の「経済」「経営」（企業論）などのテキストとして使用できますし，就職試験対策用の参考書としても活用できるなど，多様な利用が考えられます。
　本書が，読者の方々のそれぞれの目的に即して利用され，その学習の一助として役立つとしたら望外の喜びです。

　2019年3月

執筆者を代表して　釜賀　雅史

目　次

はしがき　*i*

Part I　企業と産業

第1章　企業とは何か……………………………………………………*1*
1　企業の概念―企業とは　*2*
2　企業の類型　*3*
3　株式会社の構造　*9*
4　産業界の変化　*13*

☕・個人企業から大企業へ　*12*

第2章　企業組織とその日本的特質………………………………*19*
1　企業の内部構造―組織とは何か　*20*
2　日本型の企業システム　*31*

☕・東京ディズニーリゾートにみる従業員の姿　*33*

第3章　企業の戦略行動……………………………………………*45*
1　経営戦略とは　*46*
2　経営戦略の基本的構造　*47*
3　戦略策定のプロセス　*49*
4　企業戦略の類型　*50*
5　製品・事業の分類　*55*
6　事業戦略の類型　*59*

☕・イーストマン・コダックの経営破綻にみる経営戦略の重要性　*62*

第4章　グローバル化・情報化と企業活動…………………………*67*
1　企業活動のグローバル化と情報の進展　*68*
2　グローバル経営のとらえ方　*73*
3　グローバル経営における環境要因―マクロ環境　*79*
4　グローバル市場への参入形態と経営組織　*83*

第5章　現代の理想的企業像―ステイクホルダーと企業の社会的責任………*93*
1　企業とステイクホルダー　*94*
2　企業の社会的責任とあるべき姿　*105*

☕・あなたもステイクホルダー？　グリーンコンシューマー？　*103*

Part II 経済と社会

第6章 日本経済のプロフィール……………………………………………… 113
1 経済の動きをとらえるために　*114*
2 重要なマクロ経済変数　*116*
3 GDP（国内総生産）とは　*128*　　☕・プライマリー・バランス　*130*

第7章 景気のありよう ………………………………………………………… 135
1 景気とは何だろう　*136*
2 景気動向指標　*138*
3 全国企業短期経済観測調査（短観）　*146*

☕・日経平均株価と東証株価指数（TOPIX）　*140*

第8章 経済発展と国民生活─日本経済のあゆみ ………………………… 153
1 『経済白書』/『経済財政白書』のサブタイトルが語るもの　*154*
2 経済の復興過程　*155*
3 高度経済成長の構図　*158*
4 安定成長期の日本経済　*167*　　☕・映画に見る日本経済　*166*
5 バブルの発生と崩壊以後　*172*
6 日本経済の現代的課題─「格差」問題　*175*

第9章 日本経済と環境問題─環境経営の時代へ ………………………… 179
1 経済成長と環境問題　*180*
2 環境経営の時代へ　*189*

☕・東京電力の原発事故による環境債務　*188*

第10章 少子化と日本社会 …………………………………………………… 199
1 日本の少子化の現状　*200*
2 少子化の日本的構造　*204*
3 なぜ少子化は進行するのか　*209*
4 少子化の問題点とその対応策　*214*

☕・少子化のプラス面はあるか？　*215*

索　引　*221*

Part I 企業と産業

企業とは何か

第1章

　企業とは何か。この章では，日本におけるその分類形態と戦後の企業活動についてみていくことで，企業とは何かを考えていきます。

　具体的には，はじめに企業形態という視点から，とくに法的形態のそれぞれの特色に目を向け解説していきます。さらに企業の集合体である産業界について，戦後の動きをみていくこととします。この場合，日本に存在している，またはかつて存在した企業をいくつか例にあげながら，その変遷をみていきます。

　また，本章をきっかけに「企業」というものを改めて見直し，産業界を構成している重要な要素として，普段の生活のなかでもその役割を考えてほしいと願っています。

キーワード

　私企業，公企業，個人企業，会社企業，合名会社，合資会社，有限会社，合同会社，株式会社，相互会社，公共企業，公私混合企業，株式，証券取引所，上場，株主総会，取締役会，代表取締役，監査役，繊維産業，メインバンク，再販売価格制度，合併，持株会社，IT産業，eコマース

1 企業の概念——企業とは

「企業」といっても、さまざまな説明が可能ですが、日常的用法では「企業を経営する」、「大企業に就職する」といったように、事業組織それ自体を表す概念として用いられます。ここでいう事業とは、経済事業に限られており、福祉事業や慈善事業などの非営利的な社会事業は含めません。

これをふまえて、企業を定義すると、「社会に必要とされる財やサービスを継続的に生産し供給する」経済活動をする事業体ということになるでしょう。

ではさらに、経済学や経営学などでは、企業がどのように扱われるのか、みていきましょう。

(1) 経済学における企業

経済学が対象としているものは、市場経済そのものの運動であり、各経済主体の生産・分配・消費に関わる経済行動です。この市場とは、商品の売り手と買い手が出会う場であり、各自が自己の利益の最大化を狙って自由に経済活動を行っています。

企業は、こうした市場経済における経済主体のひとつとして、政府、家計とともに位置づけられています。そして企業が担う活動内容は、財とサービスの「生産」・「供給」であって、政府は公共財の提供（インフラストラクチャーの整備）や行政活動、家計の活動は主として「消費」になります。

つまり、経済学において企業は、市場の動きに従って投入と算出の最適な組み合わせを決定し、利潤の最大化を図り、行動すると考えられています。

(2) 経営学における企業

経営学的には、組織や管理などの点から考察されることになります。具体的にあげると、企業は、ヒト（人材）、モノ（原料・機械設備）、カネ（資金）、情報といった経営資源（management resources）を組み合わせ利用することによって、社会が必要とする財やサービスを生産し社会に供給していて、経営学は、そのような側面を対象として考察しています。

また，社会責任論，企業倫理などの視点から企業をみることもあります。ステイクホルダー（利害関係者）の期待や要求に応答しつつ経営活動を行う企業の姿です。ステイクホルダーとは，企業と関係がある者，具体的には顧客，株主，従業員，取引企業，債権者，地域社会，政府などで，R. エドワード・フリーマン（Freeman, R. Edward）によって提唱された概念です。
　その他，たとえば法学などの視点からも企業をとらえ，論じることも可能です。

2　企業の類型

　企業の形態は，経済学的形態と法的形態の２つに分かれます。前者（経済学的形態）とは，企業の所有関係，つまり出資者が誰であるかによって企業を分類したものであり，後者（法的形態）は出資者と企業または出資者相互の法的

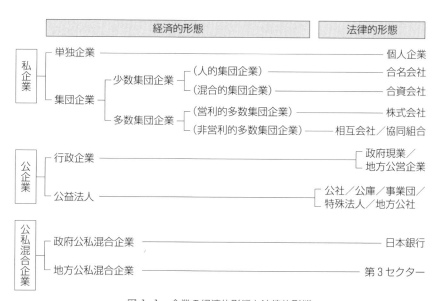

図 1-1　企業の経済的形態と法律的形態

（出所）釜賀雅史・岡本純編『現代企業とマネジメント』ナカニシヤ出版，2008年，p.4 一部修正

な関係に着目して分類したものです。

　企業の経済的形態においては，さらに次の3つに分けることができます。

　　　　私企業——利益の追求を主な目的として，私人（民間人）によって出資され経営される企業。
　　　　公企業——社会全体の利益追求を目的として，国や地方公共団体が資本を出資し経営する企業。
　　　　公私混合企業——民間と国や地方公共団体が共同出資し経営する企業。

　また，法的関係に着目すれば，私企業は，個人企業，合名会社，合資会社，株式会社，協同組合，相互会社などに分かれます。以下，順にみていきましょう。

（1）私企業—個人企業（単独企業）

　個人企業は，事業に必要な生産手段（土地，生産設備材料など）を個人が所有し，個人自ら経営に携わるものです。個人企業は，私企業のなかでも多数を占めていて，業種的にみれば卸小売業，飲食店に最も多く，小規模の商店，町工場などの大部分がこれに当たります。

　個人企業の利点としては，設立が容易であり，個人が出資者でもあり経営者でもあるので，他人からの制約を受けません。つまり，生産，販売，財務，人

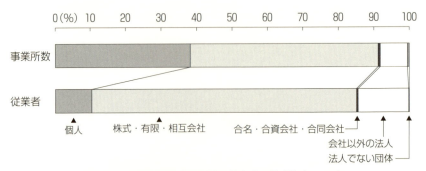

図1-2　経営組織別事業所数と従業者の構成比（2014）

（出所）総務省統計局「平成26年経済センサス—基礎調査」企業等に関する集計

事にいたるまで1人で決定するため，その個人的知識や能力をフルに発揮し，自由に経営できます。

　しかし，個人企業は経営をするに当たっての限界が存在し，それが短所にもなります。多額の資本を集めるのが困難であること（個人であるために出資能力の限界，銀行融資の限界）があげられます。そして，債務が生じた場合，事業主は全財産を投じても償わなければならないのです（無限責任）。さらに，事業主の死や病気が直接企業の存続に関わってきます。

　わが国においては，企業数に占める個人企業の割合は約40％を占めていますが，その従業者数は10％程度となっています（図1-2）。

(2) 私企業──会社企業（集団企業）

　会社とは，商法に従えば，「商行為（営利行為）を行うことを目的とする社団法人」ということになります。ここでいう「営利行為」とは，利益を確保して会社の構成メンバー（出資者）に配分することです。「社団法人」の社団とは，共通の目的をもって集まった人々の集団，しかもその運営のための組織機能を有する2人以上の集団です。そして，この集団（社団）が，法律上の権利義務の主体としての資格（法律上で人と同格に扱われる法人格）を有した場合，社団法人となります。そして，このような社団法人（商行為を目的）としての企業が，合名会社，合資会社，合同会社，（有限会社），株式会社です。

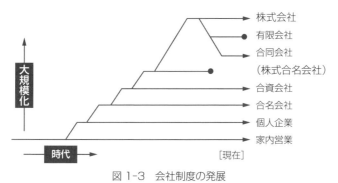

図1-3　会社制度の発展

（出所）小松章『企業形態論　第3版』新世社，2006年，p.29

1) 合名会社[1]

　合名会社は，2人以上の社員（法律上の社員の構成員である出資者）が，定款（会社の目的・組織・経営に関する諸規則が書かれた書類で，会社の憲法に相当するもの）を作成すれば，成立します。この会社形態は，出資者全員が会社の債務に対して無限責任（無限に，債務の全額を返済する責任）を負い，会社の業務を執行する権利義務をもち経営を担当します。このため，所有（出資）と経営は分離していません。持分（社員としての地位）を譲渡するときは，全社員の承認が必要となります。

　なお，個々人の人的な信用が重視され，社員は血縁関係に当たる者など，親密な関係に当たる者によって構成されるため，人的会社といわれます。

2) 合資会社[2]

　合資会社の社員（出資者）は，経営を行うとともに会社の債務に対しては無限責任社員と，有限責任社員（出資した以上に，会社の負債の弁済する義務が無い，つまり有限責任の社員）からなります。

　株式持分の譲渡については，無限責任社員全員の承諾が必要です。合資会社は，経営に対して発言権をもたない有限社員を認めることによって，出資者の数を増やすことができましたが，有限社員も個人的な関係を基礎にしていますので，社員の範囲は制限されたものになり，事業規模を大きくすることは難しい会社形態です。

3) 有限会社

　2006（平成18）年5月1日の会社法の施行以前に，有限会社法に基づいて設立された会社で，新会社法では新規の「有限会社」を設立できなくなっています。既存の旧有限会社は，会社法の規定による株式会社として存続することになりました。

　もともと有限会社は，株式会社制度を簡素化して，小規模な企業に適応したものでした。その仕組みは，すべての社員が有限責任として，出資口数（資本金を均一な単位に分解し，その出資単位の数）に比例して経営に対する支配権を与えられるという，株式会社の仕組みと同様です。

4) 合同会社（日本版LLC：Limited Liability Company）

　合同会社は，2006年の会社法で新しく設けられた会社形態で，アメリカのLLC（Limited Liability Company）をモデルとして導入されました。合同会社の出資者は全員有限責任であり，全員が業務執行に当たることが原則となっています。ただし，業務執行その他の内部規律は，定款自治（出資者の合意によって定款を定めて，それに基づき運営される）に委ねられているので，とても自由度が高い会社形態です。

　合同会社の長所をあげると，少ない設立法定費用で済む，有限責任である，迅速な意思決定ができる，利益や権限の配分を自由に設定できるなど，機動性に富んだ事業運営ができることです。

　制度開始の2006年で約3,000社が設立され，以後その数は急増して2016（平成28）年度，66,045社が存在します（国税庁の標本調査）。具体的な会社組織としては，西友，全日空ホテルズ，東燃化学などがあげられます。

　なお，似た事業形態に，2005（平成17）年から認められるようになった有限責任事業組合（日本版LLP：Limited Liability Partnership）があります。

5) 株式会社

　株式会社は，不特定多数の人から巨額の資金を集めることができるため，大企業に適した企業形態です。その特色は次のようになっています。

　株式会社は，株式（証券）を発行して，その譲渡を制限せず自由にすることにより，多数の出資者から資本を集めることができるようにしたものです（資本の証券化）。しかも，社員（出資者）は，合名会社や合資会社にみられる無限責任制を廃して，有限責任社員のみで構成しています。つまり，出資者が親密な関係にある少数の人々ではないため，企業活動の範囲が制限されることもありません。このため物的会社といわれます。このように，同制度は多額の資本調達が可能となりますが，さらに証券市場の発達にともなう株式取引の活発化によって，資本調達がより強化されています。

　社員の業務執行の意思決定については重役制度が取られ，つまり株主により選任される取締役に経営の全権を委任する制度によって行われています。こうして，株式会社では，経営の専門化が推し進められ，より合理的な経営が可能

となります（所有と経営の分離）。

なお，わが国で初めての株式会社は，1872（明治5）年の国立銀行条例によってできた第一国立銀行（第一勧業銀行を経て，現在はみずほ銀行）です。

6) 相互会社

相互会社は，保険業法により保険業務を営む企業だけに認められた形態です。多数の保険加入者が保険金を拠出して，事故の発生時はその拠出されたお金で保証を受けるという，相互補助の目的で設立されます。同制度では，保険事業の顧客である保険加入者自身が，同時に社員として会社を構成することになります。社員は，保険料を限度とする有限責任を負うことになります。なお，法廷の最高議決機関は社員総会ですが，実際には社員を代表する総代によって行われる社員総代会となっています。

近年の動向として，相互会社が株式会社に転換する傾向がみられます。

(3) 公共企業

経済活動をすべて営利を目的とする私企業のみに任せておくと，投資意欲を削ぐような分野の投資（利益が確保できるまでに長い期間を要する投資，政治的・社会的環境が不安定でリスクが高い投資など）は，回避される可能性があり，社会全体として投資配分に歪みが生じる恐れがあります。そこで，このような分野には，国または地方公共団体の出資による公企業の設立が必要となります。

①行政企業（官庁企業）　国または地方公共団体の行政組織の一部として，運営される直轄事業で，所有と経営が一致した企業形態です。具体的な企業としては，林野庁が担当する国有林野事業や，地方公共団体が運営する水道事業，鉄道，自動車運送（バス），病院などがあります。

②法人形態の公共企業　名称に，公社，公団，事業団，営団などが付く企業がこの法人に該当します。特別法によって設立される特殊法人で，国や地方公共団体が所有者となりますが，運営は独自に行われ，法人格をもちます。

三公社といわれた，日本専売公社は1985（昭和60）年に日本たばこ産業株式会社（JT），日本電信電話公社は1985年に日本電信電話株式会社（NTT），日本国有鉄道は1987（昭和62）年にJR各社（北海道旅客鉄道，東日本旅客鉄道，東海

旅客鉄道，西日本旅客鉄道，四国旅客鉄道，九州旅客鉄道，日本貨物鉄道など）に民営化されました。

(4) 公私混合企業

公私混合企業は，国または地方公共団体による出資と重要な人事の介入という形で経営にかかわり公共性を維持するとともに，民間からの出資と経営参加を求めることで，経営の合理化，能率の向上を目指したものです。その代表的なものが，日本銀行です。日本銀行は，1882（明治15）年に日本銀行条例に基づいて設立された日本の中央銀行で，出資者は国（出資割合は55％）その他に地方公共団体，金融機関，証券会社，法人や個人となっています。

また，第3セクターという形式で，地方公共団体（第1セクター）が，民間（第2セクター）と「共同出資」で設立された法人もあります。具体的な法人としては，山形新幹線開業のために設立された山形ジェイアール急行特急保有株式会社，秋田新幹線用の鉄道車両をリースしていた秋田新幹線車両保有株式会社（2010（平成22）年3月解散）などがあります。

3 株式会社の構造

(1) 自己資本と他人資本

株式会社においては，企業活動を行うための元手となる資本（資金）を，幅広く調達します。まず，この資本の調達方法から，解説していきます。

資本は，自己資本と他人資本から成り立っています。自己資本は，一般的に株主が出資した資本金，つまり会社自ら所有している資本のことを示します。

他人資本とは，銀行借入，社債発行など調達した資金で，負債ともいいます。社債は会社が債券を発行して調達した資金で，借入金は金融機関などから借り受けた資金であるため，将来元本に利子をつけて貸し手に返済しなくてはなりません。

この株式会社の出資金は，均等に小さな単位に分割されています。この分割された単位が，「**株式**（stock，share）」です。この株式は，株式会社の社員（出

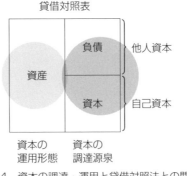

図1-4 資本の調達・運用と貸借対照法との関係

資者）としての地位を表すもので，所有している人を株主といいます。たとえば，ある会社の株式を2,000株所有するAさんは，2,000株分の社員としての地位をもつことになり，同社の株主です。その会社の発行株式総数が10,000株であれば，Aさんは同社に対して20％の所有権をもつことになり，株式総会という株式会社内部の最高の意思決定機関で，20％の議決権をもつことになります。

(2) 証券流通

　株式や社債などは有価証券と呼ばれ，第三者に売却または譲渡したり，購入したりすることもできます。たとえば，株式を購入することにより特定企業の株主になりえますし，株式を売却することで株主としての地位を放棄することもできます。ただし，2006（平成18）年施行の会社法では，株式の譲渡を制限することのできる株式譲渡制限会社を認めているため，譲渡ができない会社も存在します。

　株式の売買取引は，**証券取引所**を通じてのみ行われ，取引対象となる証券も限られています[3]。こうした証券取引所に株式を登録され，証券取引所の銘柄として取引対象にすることを**上場**（listed）といい，上場された株式を上場株式，発行株式が上場された会社を上場会社といいます。株式を上場するには厳しい審査基準が設けられており，高い実績と内容が求められます。対比的に，株式を上場することができた会社は，社会的評価も高まり，株式市場で売却することが容易になり，資本金の増額（増資）や金融機関の借り入れがしやすくなる

など，経済的な利益がもたらされます。

　なお，2016（平成28）年度では，我が国の株式会社数は約252万社（国税庁標本調査結果）ですが，4証券取引所（東証，名証，札証，福証）の上場企業数は，四季報（2017年2集，2017年3月発行）掲載会社数によると3,644社となっていて，株式会社全体の企業数と比較して0.14％程度にすぎません。

（3）株式会社の構造

　株式会社の経営は，株主総会，取締役会，代表取締役，監査役などといった機関を通じてなされます。そのしくみは，三権分立というわが国のシステムに類似しています。

1）株主総会

　株式会社の出資者（株主）によって構成される最高の意思決定機関です。その意思決定としての議決は，1株1票決議の原則で行われ，決議事項の重要度に照らし3種類があり，決議方法もそれぞれ異なります。
・普通決議――取締役等の選任・解任，計算書類の承認など，会社法で別段の定めがない通常の決議。
・特別決議――第三者に対する募集株式有利発行，監査役の解任，会社の組織変更行為など，株主の権利を保護することが危うくなるような決議。
・特殊の決議――定款変更による非公開会社への移行，消滅株式会社等による吸収合併，新設合併などの承認など，特別決議よりも重要な決議。

　なお，日本の大会社の株式は，銀行や保険会社の機関投資家や企業の保有する比率が高いため，株主総会に個人投資家の意見が反映されることは少ないといえます。

2）取締役会

　株主総会において任命された，取締役によって構成され，会社の業務執行に関する意思決定を担当する会議体です。取締役は主に2つのタイプ，社内取締役と社外取締役に分けられます。社内取締役とは会社の経営・業務の執行を行っている者のことであり，社外取締役とは経営・業務執行に関わっておらず，

個人企業から大企業へ

　かつて存在していた大商社に鈴木商店があります。番頭であった金子直吉によって一大商社に躍進，第一次世界大戦後には売上高16億円，三井物産や三菱商事をはるかに上回っていました。

　金子直吉は，1886（明治19）年，個人商店（砂糖，樟脳の貿易商）である鈴木商店に丁稚奉公に入り，その後，商売で頭角を現していきます。店主の鈴木岩治郎が亡くなると，夫人のよねから柳田富士松とともに事業を任され番頭となります。金子は「鈴木の金子か，金子の鈴木か」といわれるほど，経営者として強力な指導力を行使し，また彼の旺盛な事業意欲は，鈴木商店において世界的にあらゆる商品を扱い，製造工場としては製糖，樟脳，薄荷，製鋼，造船，人絹，運輸，製粉，製塩，製油あらゆる事業を営む結果となりました。こうした金子の事業欲を，「煙突病」（すぐに工場建設し，煙突を建てることになるから）と揶揄する人もいました。しかし，金子のワンマン経営，積極的な事業展開が裏目にでて，さらに政界への働きかけに失敗すると1927（昭和2）年鈴木商店は倒産に追い込まれます。

　金子はこうして自ら巨大な企業をつくりあげながらも，その鈴木商店の没落を招来したのですが，彼の生み出した企業は，神戸製鋼所，帝人，J－オイルミルズ（豊年製油），昭和シェル石油，日本製粉，サッポロビールなど，業界を代表する企業となっています。

基本的に経営者との利害関係のない外部者のことです。これは，社外取締役にはとくに経営を監視し，また外部の視点から経営に助言を与えることが期待されているためです。

　取締役会による決定事項は，代表取締役の選任・解任，管理職などの選任・解任，重要な組織部門の設置・改廃，新株・社債の発行，会社と取締役との間の訴訟について会社を代表するものの選任などです。

　取締役会において選任・解任される代表取締役とは，対外的に会社を代表し，その行為は法人としての会社それ自体の行為となって法的に効力をもちます。

企業の業務執行には迅速性が要求されるので、とくに日常業務の決定は代表取締役に委ねられています。

なお、「代表取締役」は法律で定義されたものなのに対して、「社長」は社内の呼称で、どのような地位なのかも企業によって異なります。具体的にあげると、社長の代わりに、頭取や総裁がいる企業もあります。

3) 監査役

監査役は、取締役の職務執行を監査（業務監査と会計監査）し、違法または著しく不当な職務執行行為がないかどうかを調査し、それがあれば阻止・是正するのが職務です。

4 産業界の変化

(1) 戦後の歩み

ここから企業の集合である産業界の動きをみていきましょう。戦後から時系列的に、その時代を代表する企業を概観することによって、企業とは何かを考察していきます[4]。

第2次世界大戦によって街が類焼し、生産設備も破壊されたわが国の生産力は、戦前のそれと比較すると、繊維では33％に下降、硫安は42％、洋紙は46％に下降するという状況でした。こうしたことからモノ不足が起こり、インフレを誘発します。この対策として政府が講じた政策に、鉄鋼、石炭の生産力増加に資材・資金を集中的に「傾斜」投入して、それを契機に産業全体の拡大を図るという傾斜生産方式がありました。この政策は、重化学工業中心の産業が発達する基礎となりました（表1-1）。

さらに復興のきっかけとなったものは、1950（昭和25）年の朝鮮戦争です。戦争でアメリカ軍から、軍服など繊維製品、食料、鋼管、コンクリート材料、トラック修理、航空機修理などの発注があり特需が起こりました。

(2) 高度経済成長の時代

また，企業は遅れていた日本の技術水準を，欧米の進んだ技術を導入すること（欧米メーカーからの技術提携）で近代化を図り，成長につなげていきます。たとえば，**繊維産業**では当時最新のポリプロピレンの特許をもっていたモンテカチニ社に東洋紡などが高い特許料を支払い技術導入を進めています。

そして世界的に次々と画期的な新技術が登場したこの時代は，日本企業に有

表 1-1 急激に進んだ重化学工業化―工業生産構成と輸出構成の変化

(単位：%)

		軽工業				重化学工業				合計
		食料	繊維	木製品	計	機械	金属	化学	計	
生産構成比	昭和 5 年	16.1	38.0	2.8	64.6	10.6	9.6	15.3	35.4	100.0
	25 年	13.5	23.2	4.6	55.8	13.9	16.0	12.9	44.2	100.0
	30 年	17.9	17.5	5.1	55.4	14.7	17.0	11.0	44.6	100.0
	35 年	12.4	12.4	4.5	43.6	25.8	18.8	9.4	56.4	100.0
	40 年	12.5	10.3	5.0	43.4	26.6	17.7	9.5	56.6	100.0
	45 年	10.3	7.7	4.2	37.8	32.3	19.3	8.1	62.2	100.0
	50 年	11.9	6.8	4.3	39.0	29.8	17.1	8.2	61.0	100.0
	51 年	11.9	6.7	4.3	38.6	30.3	17.0	8.2	61.4	100.0

		食料品	原燃料	軽工業品		重化学工業品				合計
				繊維	計	機械	金属	化学	計	
輸出構成比	昭和 5 年	9.0	5.1	63.9	76.5	3.1	3.8	2.5	9.4	100.0
	25 年	6.3	6.9	48.4	56.0	10.4	18.9	1.5	30.8	100.0
	30 年	6.8	3.2	37.4	52.2	13.8	19.3	4.7	37.8	100.0
	35 年	6.3	2.2	30.3	47.3	25.6	14.1	4.5	44.2	100.0
	40 年	4.1	1.5	18.8	32.0	35.4	20.5	6.5	62.4	100.0
	45 年	3.4	1.0	12.6	22.6	46.7	19.9	6.4	73.0	100.0
	50 年	1.4	1.1	6.8	13.1	54.5	22.8	7.1	83.4	100.0
	51 年	1.3	0.8	6.3	12.9	59.6	19.8	5.6	85.0	100.0
	52 年	1.1	0.9	5.9	12.6	62.3	17.7	5.4	85.4	100.0

(備考) 1．生産構成比は，戦前は商工省「工場統計表」生産額，戦後は通産省「工業統計表」(51 年は同「概数表」)により生産額にほぼ等しい出荷額より算出。輸出構成比は，戦前は東洋経済新報社「日本貿易精覧」，戦後は大蔵省「日本外国貿易年報」，同「外国貿易概況」より算出。特殊取扱品（再輸出等）を除く。
2．計にはその他を含む。
(出所) 経済企画庁（内閣府）『昭和 53 年 経済白書』p. 216

利に働くことになります。既存の企業の競争力を奪い，新規参入による成長の機会をもつことができるためです。たとえばソニーは，トランジスタに早くから着目して，大企業へ成長していく機会を得ています。鉄鋼業では，LD転炉や連続鋳造技術など新技術の早期導入が発展につながっていきます。鉄鋼のような産業素材の供給が増加することで，関連産業の発展が促進され，さらに素材産業の設備投資を誘発していきました。

こうした設備投資は，銀行からの借り入れによって調達され，都市銀行は大企業や総合商社を中心に融資を行ったために，「系列融資関係」が出来上がりグループ企業が形成されることになります。1950年代前半に三井，三菱，住友から始まり，富士，三和，第一銀行も形成に乗り出すことになります。ただ，この企業集団は**メインバンク**との依存度が高いわけでもなく，日本経済における企業の資産額も大きくないために，企業連合体という性格を帯びていました。

経済成長による国内市場の成長は，日本独自の大量生産システムを生成しています。日本では，大企業が外注先として多数の中小企業を組織化していきました。たとえば，トヨタでは外注先を階層的に組織し（完成部品を供給する少数の一次部品サプライヤーと，さらに一次サプライヤーにユニット部品，全単品部品等を供給する二次・三次サプライヤーといったピラミッド型），生産体制を構築していきました[5]。

家電メーカー，松下，東芝，日立などにおいては，大量販売体制において組織化を行っています。1950年代の後半から60年代にかけて，家電製品のフルライン化を行っていき，その専属的な販売網を構築して販売活動を強化するとともに修理サービス体制も強め，そして販売価格維持に努めました。

資生堂やカネボウといった化粧品産業では，**再販売価格制度**を公正取引委員会に取り付け，定価販売を維持していくことでシェアを伸ばしていきます。

小売業では，こうしたメーカーの価格維持政策に強力に反対する大量販売店が急成長を遂げることになります。その筆頭にダイエーの低価格を武器にした販売があげられます。

(3) 高度経済成長のおわり

高度経済成長は，1973（昭和48）年の石油危機によって終わることになります。

エネルギーコストや労務費の高騰によって，重化学工業や労働集約型企業で，コスト競争力を失うことになったのです。とくに，繊維，アルミ精錬，造船，エチレンでは，構造不況に陥ったため，多角化といって新しい分野に進出する企業が多くありました。

　1985（昭和60）年のプラザ合意による円高の進行は，いったんは「円高不況」をもたらしますが，原油安や政府の公定歩合引き下げや公共投資の拡大により景気は好転します。ただし，地価や株式金融資産を主としたインフレーション，いわゆる「バブル景気」であったために，1990（平成2）年10月の株価暴落をきっかけに崩壊していきました。金融機関でも不良債権を抱えた北海道拓殖銀行や山一證券，日本長期信用銀行などが破綻しました。流通関係では，1997（平成9）年にヤオハン，2000（平成12）年に長崎屋，そごう，2001（平成13）年にマイカルが倒産しています。

(4) 企業の再生

　こうした厳しい環境のもと，企業は生き残りのために**合併**を活発化しました。金融機関では，1991（平成3）年にあさひ銀行，1996（平成8）年には東京三菱銀行が誕生しました。その後，合併を繰り返し，三菱UFJフィナンシャル・グループ，みずほフィナンシャルグループ，三井住友フィナンシャルグループの3大メガバンク体制となりました。金融以外でも大型合併により，三菱化学，三井化学，太平洋セメント，商船三井，KDDI，JFEホールディングスなどが生まれました。

　1997（平成9）年には**持株会社**が解禁となり，それを適用した新しい形の合併も続いています。

　IT業界（情報・通信技術に関連する業界）においてもバブル以降，半導体や携帯電話，コンピュータ本体などのハードウェア部門は低迷していますが，情報サービスという分野については大きな成長を示しています。とくに，1995年以降インターネットが爆発的に普及し，コスト削減のためのIT投資から，新しいビジネスモデルの成長へと潮流が変わっています。通販サイトのamazon.co.jp，インターネット総合サービスを提供しているヤフー，楽天などがその代表的な企業です。

そして，今後は通信速度の向上や携帯端末の高度化が，さらなるe-コマース（電子商取引）の発展に拍車をかけると予想されます。また，AIの発達，IoT（モノのインターネット接続）が進み，便利な世の中になるとともに，企業においても新しいセキュリティー対策が求められるでしょう。

【考えてみよう】

1. 合同会社（LLC）と株式会社の違いについて，設立規模からそのメリット・デメリットを比較してみよう。
2. 社債の発行形態には，平価発行（へいか），割引発行（わりびき），打歩発行（うちぶ）の3つがあります。企業は，どのような理由でこの発行形態を選択するのか，市場金利を踏まえて考えてみよう。
3. 会社の創業者が株式公開（上場）に際して，持ち株を売り出して得る利益（創業者利益）があります。どのような仕組みで生み出されるのか，またどのような事例があるか調べてみよう。
4. 化粧品業界は，どのように成長したのか，その歴史的な背景を加味しながら，調べてみよう。
5. トヨタの生産方式の特色を調べ，その生産方式の問題点（欠点や批判されている点）についても調べてみよう。

●注
（1） 合名会社の起源は，14世紀のヨーロッパで陸上公益から生まれたソキエタス（societas）という共同企業形態だといわれています。このソキエタスは，成員相互の家族的信頼を基礎とした人的結合体であり，これが企業の経営に出身者が無限の責任を負って共同して経営にあたるという合名会社につながっていきました。
（2） 合資会社の制度は，中世イタリアの海岸商業都市で行われたコメンダ（commenda）に起源をもちます。コメンダという言葉は「委託」という意味をもち，中世のイタリアで委託者が資本を受託者に委託し，受託者はそれをもって現実に取引をして，その利潤を両者で分配するという契約を指していました。その契約で，受託者は無限の責任を負うのに対して，委託者は委託した資本の範囲以内で責任を負うことになっていました。
（3） 株式を売買できる市場は証券取引所で，会員として認められた証券業者のみ取引が行われます。現在は株式会社形態の日本取引所グループ（東京証券取引所〈東証〉と大阪取引所〈大証〉が経営統合し，その持株会社）と名古屋証券取引所（名

証），さらに会員組織形態である福岡証券取引所（福証），札幌証券取引所（札証）があります。取引所には，1部・2部といった本則市場のほか，新興企業向けの市場が開設されています。

取引所	証券市場
東京証券取引所	1部，2部，マザーズ，ジャスダック（スタンダード，グロース）
名古屋証券取引所	1部，2部，セントレックス
札幌証券取引所	本則市場，アンビシャス
福岡証券取引所	本則市場，Q-Board

（4） 一国の経済がどのような発展をたどるかは，古くからさまざまな説が展開されていますが，ロストウ（Rostow, W. W.）の『経済成長の諸段階』では，①伝統社会，②離陸のための先行条件期，④成熟のための先進期，⑤高度大衆消費社会にわけています。ここで，離陸とは「着実な成長を促進する要因が拡大して，成長が社会の正常な状態になる時期」だといいます。具体的にイギリスでは，1783～1820年，アメリカは1843年～60年，ドイツは1850年～73年，日本は19世紀末といわれています。

（5） 1980年代前半まで，日本の自動車メーカーの外注比率は，欧米の自動車メーカーに比して高く，平均70％を超えています。しかし，日本の自動車メーカーが直接取引をしている一次部品メーカーは，平均200～300社にすぎませんが，欧米自動車メーカーは，千数百社から数千社に及ぶ膨大な数のサプライヤーと直接取引をしています。つまり，自動車メーカーが直接取引をしている企業が少ないのは，取引にピラミッド型の階層構造が形成されているためです。

◆ 参考文献

- 秋山義継・藤森保明編著（2006）『現代経営学』八千代出版
- 釜賀雅史（2003）『現代の企業と経営』学文社
- 神田秀樹（2006）『会社法入門』岩波書店
- 経営史学会編（2004）『日本経営史の基礎知識』有斐閣
- 小松章（2006）『企業形態論（第3版）』新世社
- 佐久間信夫編（2006）『よくわかる企業論』ミネルヴァ書房
- 宍戸善一（2011）『ベーシック 会社法入門（第6版）』日本経済新聞出版社
- 三橋規宏・内田茂男・池田吉紀（2012）『ゼミナール日本経済入門（第25版）』日本経済新聞出版社
- 松本芳男（2006）『現代企業経営学の基礎（改訂版）』同文舘出版
- 三戸浩・池内秀己・勝部伸夫（2011）『企業論（第3版）』有斐閣

Part I 企業と産業

企業組織とその日本的特質

第2章

　本章のねらいは，企業を「組織」という側面からとらえて，企業のしくみやその特色をみて考えていくことです。

　まずはじめに，組織についてその生成過程を考え，その後に組織構造を考察していきます。具体的には，ライン組織やファンクショナル組織といった基本構造から，事業部制組織という多くの会社で採用されている形態まで例示しながら紹介していきます。

　そして次節では，日本における企業組織の特色をあげて，その歴史的な経緯と，将来への動向をみていきます。その視座として，ジェームズ・アベグレンが日本的だと指摘した「終身雇用」，「年功序列」，「企業内組合」を軸として解説していきます。また，日本的な特色である生産現場，とくにトヨタの生産方式について最後で触れることにします。

キーワード

　組織構造，組織編成の原則，職能，職務，職能部門，ライン組織（直系組織），ファンクショナル組織（職能的組織），テイラー，ライン・アンド・スタッフ組織，職能別部門組織，事業部制，プロジェクト組織，マトリックス組織，プロダクト・マネジャー制組織，日本的経営，終身雇用，年功序列，企業内組合，OJT，ジョブ・ローテーション，企業内福祉，稟議制度，QCサークル，カンバン方式，JIT，能力主義，職能資格制度，フレックス・タイム制

1 企業の内部構造——組織とは何か

　この章では，まず企業が具体的にどのような**組織構造**になっているものか，考察していきます。

　具体的な例として，生花店で組織の生成発展過程をみていくこととしましょう。たとえば，フラワーアレンジメントを学んだAさんが，個人で生花店を始めるとします。お店のスタートは，預金したお金を自己資本（元手）とし，不足した資金は銀行から借り入れます。この生花店は，はじめAさんが一人できりもりしていて，つまり一人で経営者と従業員をかねてすべての仕事をしていました。やがて，アレンジメントやサービスのよさで客が増え，売上げが伸び利益が着実にあがるようになり，Aさんはお店を拡大することにしました。そうなると，1人雇い入れる必要が出てきます。

　従業員を1人雇い入れることになると，ここに組織の問題が発生します。いままで1人でやっていた仕事をどのように分化させるのかという，役割分担に関する問題です。たとえば，Aさんは主にフラワーアレンジや生花の仕入れ，帳簿の管理を担当し，配達は新たに雇った従業員が担当するということも考えられます。さらに繁盛してくると，店頭でフラワーアレンジメントを行う従業員がさらに必要になってきます。こうして，いつしか多数の従業員を抱える組織[1]となっていきます。

（1）組織編成の原則

　こうした組織には留意すべき一定の原則があるとされます。**組織原則**といわれるもので，**ファヨール**（Fayol, H.）をはじめ幾人かの研究者よって指摘された経験則です。後に**サイモン**（Simon, H.）は，それらの原則について相互に一貫性がないことなど，批判を加えましたが，組織作りをするための指針としての一定の有効性は今日でも認められています。

　組織原則は，論者によって若干異なるところもありますが，一般的にあげられるものは以下のようなものです。

　①**仕事主義の原則**　　企業組織は，あくまで企業目的の達成に必要な仕事の

みによって編成されるべきであるという原則です。たとえば，具体的な人物の存在を念頭におき，その人物をある一定の地位につけることを前提としたうえでの組織編成を行ってはいけないということです。

　②**専門化の原則**　仕事を細分化して特定の仕事に専念することにより，それを担当するものは専門性が向上して効率が高まるというものです。

　③**例外の原則**　日常的に生ずる定型的な仕事は，すべて下級職位の職務として委譲し，上級の職位の職務内容はできるだけ非定型的な，例外的な仕事の処理を中心にすべきであるということです。

　④**管理範囲の原則**　1人の管理者が効果的に統制できる部下の数には一定の限界があるという考え方です。この有効に管理できる範囲を管理範囲 (span of control) といいます。適正な管理範囲を超えると，すべての部下に対してコミュニケーションが難しくなります。逆に，適正な管理範囲より部下が少なければ，管理者の数が増え階層化が行き過ぎて，情報伝達が遅くなり正確さを欠きデメリットにもなりえます。この適正な管理範囲は，職務内容に応じて異なってくるもので，一般的には単純な業務の場合で10名から20名，複雑な業務では5名程度とされています。

　⑤**責任・権限明確化の原則**　職務を設定するに当たって，責任と権限を明確にしなければならないという原則です。この責任 (responsibility：職務遂行の義務) と権限 (authority：職務遂行の権利または権力) とは，表裏の関係にあります。このため権限をともなわない責任や，責任をともなわない権限は有効ではありません。また，これらの責任や権限の基礎となる職務について，内容的に重複があってはいけないとされます。

　⑥**命令一元性の原則**　組織の秩序を維持するために，命令はただ1人の上司からのみ与えられるべきだという原則です。組織規模が拡大すると階層化・部門化が進展して，そのために上下のコミュニケーション (指示・命令) の混乱が生じやすくなります。これを避けるために，それぞれの部下への命令は1人の上司からのみ与えられるべきで，複数の上司から命令が与えられないようにしたほうがよいというものです。

(2) 組織形態

経営組織が発展すると同時に、**職能** (job function) の分化がみられます。職能とは、組織目的の達成のために果たすべき仕事です。この職能を具体的に細かく個々の成員に割り当てたものは、職務 (課業) といわれるものです。この職能の分化は大きく2つの方向で起こるとされます。それは、水平的分化と垂直的分化です (山城・森本, 1984：68-69)。水平的分化とは職能の横への分化で、垂直的分化とは職能の縦への分化です。

1) 水平的分化

職能の水平的分化は、まず過程的分化 (第1次分化)、次に要素的分化 (第2次分化)、さらに部面的分化 (第3次分化) として現れるとされます。

①過程的分化　まず過程的分化について、製造業を例にとってみていきます。製造業における経営活動は、まず、工場での生産に必要な機械・設備を整えたうえで、原材料を購入し、これを加工し、製品として販売します。したがって、経営職能は、まず購買、製造、販売というような基本的職能 (これをライン職能という) に合わせて分化し、それにともなって購買部、製造部、販売部という**職能部門** (これをライン部門という) が形成されることになります。

②要素的分化　また経営職能は、経営資源であるヒト・モノ・カネといった要素的職能に従って、人事、総務、経理などの分化をします。これらの要素的職能は、基本的職能 (基本業務) が遂行されるなかで、その活動を支援する「専門的」職能ということができます。この職能は、通常、専門スタッフ職能と呼ばれ、これに従って人事部、総務部、経理部などの部門 (専門スタッフ部門) が形成されることになります。

③部分的分化　経営組織は、前述の二分化を基礎として形成されますが、さらに企業規模が大きくなるに従って、それぞれの職能部門で行われる管理の活動を側面から補う形で形成される部門がでてきます。すなわち、調査室 (部) や企画室 (部) と呼ばれる部門がそれです。この調査室などの部門は、部分的分化によって生まれるものであり、他部門における管理をサポートするものです。このように部分的分化によって形成される職能を管理スタッフ職能といい、その部門を管理スタッフ部門といいます。

表2-1　主要な職能部門とその仕事

製造部	製品設計，製品の生産計画の立案，生産の実施，さらに工場設備建設など，製品生産に関する職務を担当
販売部（営業部）	製品の販売，代金の回収，市場調査，販売促進，製品のアフターサービス，顧客からのクレーム処理などの職務を担当
購買部（資材部）	生産に必要な原材料，部品，燃料，工具，機械設備などの調達と管理を担当
研究開発部	製品開発のための基礎研究，応用研究，改良研究，生産技術開発などを担当
総務部	会社全体の事務管理，受付業務，渉外業務，不動産管理，そして取締役会などの会議・式典などの運営，株主総会の開催，新株発行，株式の名義書換，配当金の支払い手続きなど株式に関する業務などを担当
経理部	現金・預金の出納管理や伝票処理などの日常経理事務や原価計算，さらに決算業務や財務諸表の作成，税務などを担当
人事部	従業員の募集，選考，採用，教育，人事異動，福利厚生業務，自己啓発制度や休暇制度の運営管理などを担当
広報部	マスコミへの情報提供，社内報，PR誌の作成，PRイベントの実施などを担当
財務部	資金の調達と運用を担当
法務部	法律関係の手続き，処理を担当
情報システム部	コンピュータを使っての情報システムの企画，設計，運用，管理，および管理情報（生産，販売，在庫，会計などの情報）と意思決定支援情報（経営計画に関する情報）の提供などを担当
企画室	トップ・マネジメントのスタッフとして，中長期経営計画の立案，予算方針や組織の基本方針の立案などを担当

（出所）釜賀雅史『現代の企業と経営』学文社，p.145

なお，中小企業には，経理部，人事部などの部門が，すべて総務部のなかに含まれる場合があります。

2) 垂直的分化

職能の垂直的分化は，購買，製造，販売などの作業職能において，管理範囲の制限のために管理職能がさらに垂直に分化するという形で進化します。すなわち，従業員の数が増加するとひとつの部門の管理者が指揮・監督できる部下の人数には限りがあるから，もう1人の管理者を置くことになります。また，それらの管理者を管理する上位の管理者が生まれることになります。こうして，

何層かの階層組織を積み上げるようにして管理職能は縦に分化していきます。

この階層化は，規模が大きくなればなるほど明確になり，トップ・マネジメント（組織），ミドル・マネジメント（組織），ロワー・マネジメント（組織）という3層構造を形成します。この3層構造全体を指して，（広義の）管理組織といいます。

(3) 組織の類型
1) 組織の基本形

経営組織の基本構造は，職能相互間（各部門間ないし各職位間）における命令・権限の関係によっていくつかのパターンに区分できます。ライン組織（直系組織），ファンクショナル組織（職能的組織），ライン・アンド・スタッフ組織といった類型がそれにあたります。

　①ライン組織（直系組織）　　ライン組織 (line organization) は，各階層における管理者と部下との指揮命令系統が一元化されている組織形態です。このため，部下はそれぞれの直接の上司からのみ命令を受け，責任も直接の上司が負う仕組みになっています。このような上司と部下の関係は，軍隊に類似していることから，軍隊組織 (military organization) とも呼ばれます。

長所としては，管理者の指揮命令系統の一元化が確保されるため，経営管理の遂行が迅速にかつ確実に行われること，各層における管理者の責任と権限が明確になっているので，各管理者間の摩擦を回避することができることです。

欠点として，管理者の「専門化」がなされにくいこと，1人の上位者に権限が集中し責任過大となること，また各部門相互のコミュニケーションが停滞しがちになるなどをあげることができます。

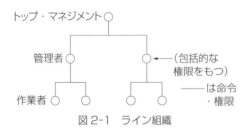

図2-1　ライン組織

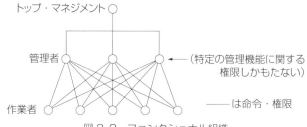

図2-2 ファンクショナル組織

②**ファンクショナル組織（職能的組織）**　ファンクショナル組織（functional organization）は，**テイラー（Taylor, F. W.）**によって直系組織のもつ欠点を避けるために提唱された職能別職長制に基づく組織形態です。この組織形態では，組織メンバーは直属の上司のみから命令を受けるのではなく，各々の専門職能を担当する複数の上司から，その職能に関する事項について，それぞれ命令を受けることとなります。

この職能組織のもつ長所としては，上位者の仕事を専門化し負担を軽減することができる，部下の指導を専門的に行うことが可能となる，仕事の標準化が容易となるなどです。

しかし一方で欠陥も存在します。命令系統が多元化し命令の重複や矛盾が生じやすく組織秩序が混乱する，各専門職能を相互に重複しないように分化するのは現実的に難しく責任所在の不明が生じやすいことなどです。

③**ライン・アンド・スタッフ組織**　ライン・アンド・スタッフ組織（line and staff organization）は，ライン組織の欠点とファンクショナル組織の欠点を是正する組織形態として現れてきたものです。

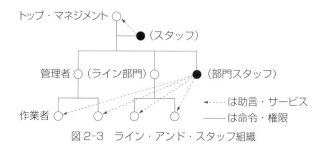

図2-3 ライン・アンド・スタッフ組織

スタッフとは,ライン組織のなか,とくに専門性を必要とする職務について,管理者に助言または勧告の機関として設置されるスタッフ部門を意味しています。この部門は,ライン組織の管理者に対して助言や勧告をすることを業務とします。管理者が専門的事項について,その部門に依存することができ,より合理的な管理職能の遂行をなすことが可能となります。ただ,スタッフは命令や執行の権限をもちません。

この形態のメリットは,軍隊の参謀方式に似ており,ライン組織の指揮命令系統を乱すことなく専門的能力を活用できることにあります。つまり,専門化の原則と指揮・命令統一性の原則を同時に満たすことができます。

しかし,スタッフ部門の意見が重視されすぎると,ラインの主体性が維持されなくなり,混乱を招く恐れも出てきます。また,組織規模が拡大したり内部

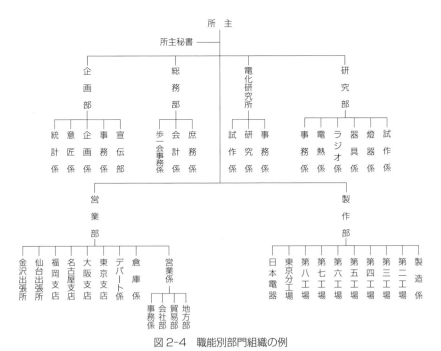

図 2-4　職能別部門組織の例

※ 1932（昭和 7）年,松下電器（現・パナソニック）
（出所）大森弘「事業部制の組織史」『論叢　松下幸之助』第 8 号,PHP 研究所,2007 年,p.41

業務が複雑化したりすると，各専門部署間の調整が困難となり，結局トップの負担が過重になってしまいます。

2) 部門化

さらに実際の企業組織は，各部門（部および課）の編成を一定の基準に従って行います。この部門編成を行うことを部門化といいます。部門化は，職能別，製品別，地域別などのいくつかの基準に基づいて行われ，それぞれに対応した組織形態が現れます。

①職能別部門化　製造，販売，経理などのように，同種の専門的な知識を必要とする仕事を単位として部門化されるもので，そのようにして形成されるものを**職能別部門組織**（functionalized organization）と呼びます。この組織形態は，ライン組織またはライン・アンド・スタッフ組織の別の表現ということができ，基本的な組織形態で一般に普及しているものです（図2-4）。

この組織の長所は，部門内の特定の職能がさらに専門化されるので，担当者の専門的技能や知識がより高度化すること，複数の製品の製造や販売がそれぞれの職能ごとに一括して行われるので資源が効率的に活用され規模の経済が働くことなどです。

②地域別部門化　企業活動が広範囲に分散して行われている場合など，その活動を地域ごとに区分し，それに従って部門編成を行い管理していく組織形態です。たとえば，自動車などの販売会社にみられるように，支店や営業所が各地に広がっている場合には，支店または営業所ごとにそれぞれの地域の特性に従って活動した方が，効率的で有利となります。

3) 経営組織の発展形態

企業の組織形態の基本については上述したとおりですが，現実の企業組織は，それら組織をベースにしつつ，それぞれ異なる姿を示すものになります。事業部制組織，それにプロジェクト組織やマトリックス組織などがそうした形態にあります。

①事業部制組織　最も多くみられる組織形態である職能別部門組織（ライン・アンド・スタッフ組織）では，トップに権限が集中する形になります。これ

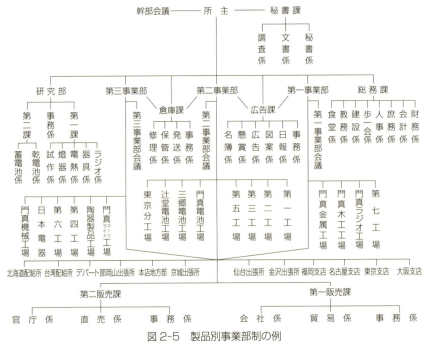

図 2-5 製品別事業部制の例

※ 1933（昭和 8）年，松下電器（現・パナソニック）
（出所）図 2-4 に同じ，p. 42

に対して，権限を下位組織に委譲して分権的組織（decentralized）形態をとるものがあります。その典型が事業部制組織（divisionalized organization）です。

この組織形態は，製品別，地域別あるいは市場別に事業部として分化し，それぞれが単一的事業体に等しい権限をもった独立のプロフィットセンター（profit center，収益と費用の両者を含む利益に対して責任をもつ企業内の構成）の役目を果たしています。

この歴史は，1920 年代のアメリカに始まります。デュポン社が 1920 年に採用した[2] のを最初に，ゼネラルモーターズが 1923 年，スタンダード石油株式会社が 1925 年に一部職能別集権組織を導入，シアーズ・ローバック社が 1930 年に地域事業部を採用しています。わが国では，1960 年代の高度成長期以降，多数の企業に導入され，今日でも組織形態の中心的モデルとなっています。最

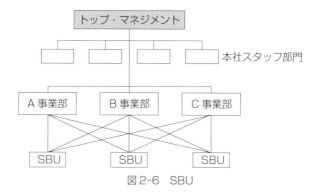

図2-6　SBU

も速く事業部制を導入したのは，松下電器（現・パナソニック）の1933年であり，戦後になって，1955年に神戸製鋼，1958年に積水化学と三菱電機，1959年に旭化成と富士重工が取り入れています。

　② **SBU**　　SBU（Strategic Business Unit，戦略事業単位）は，事業部制組織の限界を乗り越えるために編成される組織形態で，事業部制組織の上に重ねて設けられます。企業戦略と事業部門間の調整を目的として，「活動する単位」で組織を区分したものです。このためSBUの単位でミッションと戦略を持ち，必要な資源と権限が配分されることになります。このSBUは，1970年代初頭アメリカのゼネラル・エレクトリック社（GE）によって最初に導入されました（図2-6）。

　③ **プロジェクト組織**　　プロジェクト組織とは，通常の組織とは別に特定のプロジェクト（企画）などを計画・執行するために特別に編成された比較的少人数の機動的な組織のことをいい，プロジェクト・チーム（project team），タスク・フォース（task force）とも呼ばれています。これは，ある特定のまとまった企画や仕事が完成するまでの活動を行うために編成されるもので，完成すればチームは解散することになります。

　具体的な例として，プラント建設（石油，LNGタンクなどを完成させるために必要な，設計，調達，建設，据付，試運転，操業保全等の一連の業務）では通常，プロジェクトマネジャーを頂点としたプロジェクトチームが組成されます。

　④ **マトリックス組織**　　マトリックス組織は，その名が示すように縦だけで

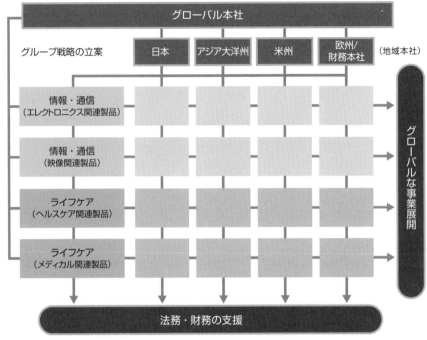

図2-7　マトリックス組織の例

※ HOYA 株式会社
（出所）HOYA 株式会社ホームページ「グローバル・グループ経営」より

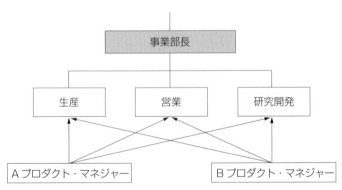

図2-8　プロダクト・マネジャー制組織

（出所）坂下昭宣『経営学への招待』白桃書房，p.129

はなく横にも調整やコミュニケーションの軸をいれたものとなっています。
　この組織は，職能制と製品別事業部制のそれぞれの利点を同時に取り入れ，全社的な効率と事業の独立性を同時に追求しようとする組織構造です（図2-7）。
　なお，最近では職能別組織とプロジェクト組織を組み合わせたプロジェクト型のマトリックス組織だけでなく，製品と職能，製品と地域，製品と職能と地域を組み合わせたマトリックス組織を採用する動きが出てきています。
　⑤**プロダクト・マネジャー制組織**　プロダクト・マネジャー制組織とは事業部制組織のなかに，ひとつの製品に関して職能間の調整をするプロダクト・マネジャーが存在します。このプロダクト・マネジャーとは，ひとつの事業部内で特定の製品あるいはブランドに関するすべてのマーケティング活動の調整を行う管理者で，事業部内の生産や販売，研究開発などの職能間の調整を担当します。
　この組織構造はアメリカのP＆Gが1920年代に最初に導入した[3]といわれ，製品ラインが多様化している企業や多数のブランドを抱えている企業にみられる組織形態です（図2-8）。

2　日本型の企業システム

　一般的に**日本的経営**という場合は，諸外国との比較を意図しており，日本独特の風土に根ざした企業システムおよび労働者の行動様式の総体を指しています。では，その日本的経営はどのように戦後から現在にかけて形成されてきたのでしょうか。
　戦後から1960年代にかけては，日本の経営はアメリカのそれと比較して遅れた非合理的なものとされていました。しかし，1970年代に入ると，石油ショックをきっかけとして低迷する欧米の経済とは対照的に，日本経済が堅調な成長を示すと日本経済を担う企業経営のあり方が注目されるようになりました。
　1980年代後半にさしかかると日本的な経営に関してのブームが去りますが，関心は消えることはありませんでした。1980年代後半から1990年代中頃の日本企業の海外進出の急増にともなって，日本的経営の海外移転が問われること

となりました。また欧米においても，従来の経営管理への問い直しから日本的経営に関して一定の関心が寄せられていました。

しかし，その後，21世紀に入り社会構造の変化にともなう企業を取り巻く環境の変化に，従来の日本的経営は変容しつつあります。また，グローバル化の進展にともなってグローバルスタンダードにしたがった経営行動が必要になってきています。

(1) 日本的経営

日本的経営の構成要素としては，一般に**終身雇用制，年功制，企業内組合**（OECDの対日労働報告書で指摘された三種の神器）です。また，企業内福祉制度や稟議制度，さらに企業内移動と内部昇進制を加えることもあります。

この他に日本的なものとして指摘されるのは，企業内養成訓練，ラフな職務規定と責任・権限の不明確さ，集団的意思決定，いわゆる「根回し」を含むインフォーマル・コミュニケーション，長期的成長志向の経営スタンス，企業系列などがあります。これらの諸要素によって形作られている日本的経営の基底にある考え方が日本的な「集団主義」とされています。これらの諸要素については，それぞれが独立しばらばらに存在するのではなく，相互に関わり合いをもちながら，社会システムとしての日本的経営システムが形成されていると理解するべきでしょう。

1) 終身雇用制と人事制度

終身雇用という言葉は，**アベグレン（Abegglen, J. C.）**が1958年に日本の雇用制度の特質をlife-time commitmentと表現したことに始まります[4]。これは一般には，新規学卒者を定期的に採用し定年まで長期雇用しようとする慣行を指します。労使間の契約によって成立するものではなく，労使相互の期待による慣行に過ぎず，大企業においては多くみられるものの中小・零細企業には必ずしも定着していませんでした。

人の採用は新規学卒による定期一括採用であり，ほとんどの企業は学校卒業前の一定の時期に一斉に採用活動が行われます。その場合の新規学卒一括採用では，「企業に人を採用する」というべき採用方法を基本としており，試験制

東京ディズニーリゾートにみる従業員の姿

　日本の遊園地・テーマパークで，入場者数が最も多いのは，東京ディズニーランド（TDL）・東京ディズニーシー（TDS）の年間約2500万人です（2011年度，両パークあわせた人数）。1983年4月のオープン以来の累計入園者数は，2010年8月で5億人を超えました。

　この入場者数が好調な主な理由は，新しいイベントや施設の改築に毎年数百億円の規模で投資をして，リピーターを確保している成果だといえます。また同時に，運営会社であるオリエンタルランドの人材育成，つまり従業員（キャストと呼ばれる）による高品質なサービスの提供にも，秘密があります。

　同社では接客でも「感動」させるために，従業員のモチベーションを高めるための工夫があります。従業員の9割以上がアルバイトだといわれていますが，職位や権限を経験に応じて与えることで，やりがいをもって働く仕組みがあります。そのための仕事の評価方法も独特で，他の従業員からの評価も重視され，結果は給与に反映されないといわれています。従業員の作業マニュアルにも，「夢の国でゲストに感動を与えること」が貫かれていて，接客意識を高く保つことができるよう図られています。こうした，アルバイト戦力の強さが，同社成長の源泉となっています。

度や能力主義的採用よりも個人のパーソナリティの評価，顕在能力・知識よりも潜在能力が重視されました。また，中途採用は，定期採用で適当な人材が確保できない時に例外的に行われ，この場合も同様の採用基準に従って行われることが多くありました。

　入社後は系統的な企業内教育と訓練（長期にわたる職場での訓練＝**OJT**：On the Job Training）が施され，企業内におけるさまざまな部署の異動＝**ジョブ・ローテーション**を通して多能工化（ジェネラリスト型の人材育成）が図られて，個々の企業に適した人材を育成します。そして，終身雇用というべき，定年までの期間をひとつの企業で全うすることになります。

　1970年代になり低経済成長期になると，雇用の硬直化とともに人件費など

賃金コストの高騰によってさまざまな問題が顕在化しはじめました。そして，終身雇用制維持の限界が云々され，とくに90年代のバブル経済崩壊以降は，各々の企業はさまざまな問題に直面し始めることになりました。

2) 年功的処遇

年功的処遇は終身雇用制と密接不可分に関わるものといえます。日本における賃金制度は，欧米のような横断的労働市場にみられる横断賃金や職務給（職務別に賃金が決められる）ではなく，年功給が中心でした。学歴や年齢・勤続年数などの属人的な基準によって決定される賃金（属人給）形態をとってきたのです。しかし機械的に学歴や年齢によって賃金が決定されるのではなく，実際は年功給を基本として若干の職務給を加えながら職能給（労働者の職務遂行能力の判定）に基づいて賃金が決められるのが一般的でした（図2-9）。このような賃金制度が行われるようになった大きな理由として，職務内容や職種が社内の配置や異動で賃金を変化させないためだと考えられます。

また，昇進においても学歴・勤続年数・年齢を基準にして行う年功昇進制が採用されてきました。勤続年数とともに熟練度，職務知識，リーダーシップ能

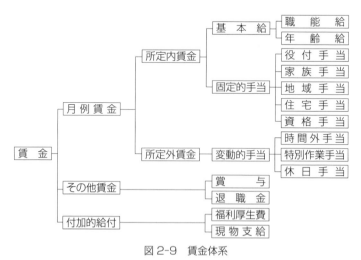

図2-9　賃金体系

（出所）竹内裕『職能資格人事制度』同文舘出版, 1992年, p.234

力，忠誠心や責任感などの成熟度も増加するとみていたからです。

しかし，高度成長が終わり，低成長経済期に入ると企業規模の拡大が望めなくなり，年功制にもさまざまな問題点が指摘されるようになります。そして企業の人事管理のスタンスは，それまでの年功人事から能力主義人事へと変化するとともに，賃金体系も年功給中心のものから職能給および職務給を重視する方向へと移行しました。また，管理職ポスト不足への対応策として職能資格制度も採用されはじめました。

3) 企業内福祉

企業内福祉の目的は，賃金では対応できない従業員の多様なニーズに応えることによって，共同体意識の涵養さらにモラールの維持・向上を図ることにあります。具体的には，法的福利厚生（法的に実施が義務づけられているもの）と法定外福利厚生（実施が任意のもの）に分かれます。

・法的福利厚生の例—健康保険，厚生年金保険，雇用保険，労働災害補償保険など社会保険料の企業負担
・法定外福利厚生の例—住宅，食事，医療・保健，文化・体育・娯楽，私的保険，労災付加給付，慶弔・見舞，財形などに関する費用負担

わが国の場合は，法的福利費より法定外福利費が多い傾向にあります。戦前の福利厚生は，家族主義的援護施策としての色彩が極めて強かったのですが，戦後は労働者の重要な労働条件として位置づけられるようになりました。

4) 企業内組合

わが国の労働組合は，欧米の横断的労働市場を前提とする職業別組合や産業別組合とは性格を異にしています。わが国の組合の多くは，それぞれ完全に独立を保っており，企業内（別）組合という特徴を持ち合わせています。この企業内組合において，幹部は当該企業の従業員から選ばれ，職制秩序がそのまま反映される場合が多くみられます。そして，経営者と組合幹部との間には概して良好な（インフォーマルな）人間関係が成立しており，組合幹部が後に企業幹部になることは希ではありません。こうして，労使協調の風土が形成されてきましたが，このことは組合が日本的集団主義的経営の形成・維持に貢献してい

たことを意味しています。

(2) 日本企業の組織特性

1) 組織構造

　日本企業の経営組織は欧米とは異なり，集団主義的性格を強く示しています。そして，個人の職務権限が曖昧な形で組織編成がなされています。組織図は，取締役会・部・課・係そして末端一般従業員など集団の相互関係を表すことに主眼が置かれ，欧米のように組織の末端まで個人の職位を示し，主要職位に個人名を記すということはされていません。また，職務分掌規定においては，職能別に設けられた営業・製造・人事等の部，などそれぞれの課ごとに具体的な業務内容が詳細に示されているものの，その個人の仕事内容については一般的・抽象的にしか示されていません。組織構成員の職務範囲は一応形式的には決められているものの，その職務範囲は不明瞭なものになっています。

　このような企業組織は，生産現場の職務構造を柔軟にすることができ，集団的作業遂行を可能とします。また，オフィスでは大部屋方式が採用される場合が多く，そこでは公式・非公式の会議による部門間調整が図られ，業務が進められることとなります。

　このように組織に対する考え方は，欧米企業のそれとは根本的に異なっていて，集団主義的な日本企業の組織風土に適応させたものであるといえます。つまり，このような組織風土・文化を有するゆえに日本企業独特の組織編成が出来上がったのです。

2) 集団による意思決定方法

　日本の経営においては，インフォーマル・コミュニケーションが重要な役割を果たしており，その意思決定の方法は**稟議制度**によっても特徴づけられます。これは，トップ・マネジメントの方針を踏まえて課内のメンバーと一緒に考えた提案を課長が関連部署に根回しして，そのうえで公式に稟議書を回覧し，関連する課・部長の捺印を得てトップの承認を求めるという，コンセンサスの積み重ねによる意思決定方式です。このようなボトム・アップ型の意思決定は，責任の所在が不明確になることやコンセンサスを得るための時間を要するとい

う欠点もありますが，従業員ひとりひとりが経営に参加しているという意識をもつことが可能になるという優れた点も持ち合わせています。

なお，この稟議制度の由来は，わが国に古くから存在する上司の決済を得るための「伺いの制度」であり，明治時代に官制，次いで企業の職制に取り入れられた日本独自の管理制度でした。戦後，企業経営が近代化されていくなかで，純粋な形での稟議制度は各種の管理制度に取って代わられ，企業によっては稟議制度という名称そのものを廃止しているところもみられます。しかし多くの企業では企業内の重要事項を決定するための手続きとして，稟議の手続きがそのまま使われているところも多くあります。

3) 生産現場の特徴

日本企業では，生産現場においても，労働者の多機能工化やチームワークをもっとも重視することや現場重視の考え方などの特徴があります。

日本の労働者は，何種類も仕事ができる多能工であり，工場においてはチームワークが最も重視され，**QC**（Quality Control）**サークル**などの小集団活動が行われます。この QC サークルとは，同じ職場内で品質管理活動を自主的に行う小集団のことで，ここにも日本企業の集団を重視する特質が現れています。

また，日本企業は，エンジニアと現場労働者の双方が同時に現場に立ち，協力して生産システムの維持，改善に当たります。その過程は，トップ・ダウンで命令・指示を与えるのではなく，現場に任せ，協議によって改善を図るという方法がとられています。対照的に欧米企業では，エンジニアと現場労働者のそれぞれ立場が明確に分かれています。

トヨタ自動車が生み出し，多くの製造業に取り入れられている生産システムである**カンバン方式**も，この現場主義の思想から生み出されたものとされています。この方式は，生産ラインの工程間の作業量を適切に調整していくシステムです。ポイントは，「後工程取引」，つまり（計画に従って前工程から部品を渡されるというのではなく）後の工程がそこで必要なだけの部品量を前工程に指示し受け取るという点にあり，この前工程へ指示情報を伝えるものが「カンバン」です。この仕組みにより，必要な部品が必要な時に必要な量だけ調達できるという（JIT：Just In Time）が生み出され，中間在庫は減少しその分コストが削

減できることになります。このように，カンバン方式は，後工程を情報の流れの起点としており，現場からの情報を重視している日本企業が生み出した特有のシステムといえます。

(3) 変わる日本企業

企業を取り巻く社会経済的環境の変化，たとえば経済成長の鈍化，IT産業を軸とした新しいタイプの企業の誕生，少子高齢化という労働市場の変化，女性の職場進出，ライフスタイルや価値観の多様化などにより，終身雇用制と年功序列を維持することは困難な状態になってきています。これまでのように，長期雇用を前提として新規学卒を一括採用し，採用した人材を長期にわたり教育し，ジョブ・ローテーションにより適材を配置するという内部調達を中心とした経営から，外部から即戦力として中途採用を増やしたり，職種別採用や人的コスト削減のためのパートタイマーや契約社員の活用など雇用形態や採用方法も大きく変化しています。このため，21世紀に入り，パートタイム労働者，契約社員など，いわゆる非正規従業員の活用の重要性がますます高まっています。

1) 雇用形態の多様化

総務省による2017年の労働力調査によると，雇用者（役員を除く）5,460万人のうち，正規の職員・従業員は3,423万人，非正規の職員・従業員のパート・アルバイト，派遣社員は2,036万人（37.3%）となっています。さらに図2-10をみるとわかるように，非正規職員・従業員の割合は着実に増えてきています。

非正規職員・従業員の雇用の増加は，雇用形態の多様化を意味しています。しかし別の見方をすると，企業は正規職員・従業員を削減し，その穴埋めとして非正規社員の雇用を拡大させる傾向にあるともいえます。それは，人件費総額の削減という視点から固定費化しやすい人件費（賃金，賞与，法廷外福利費など）を変動費化したいという企業側の戦略によるものと考えられます。また，改正男女雇用機会均等法，改正労働者派遣法，改正職業安定法など，非正規化をうながすような労働法規が施行されてきており，人的管理も複雑化多様化してきています。

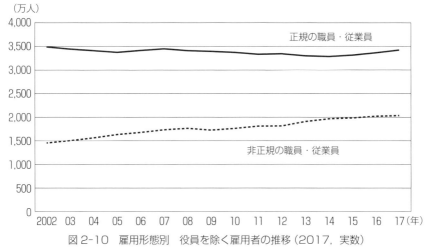

図2-10　雇用形態別　役員を除く雇用者の推移（2017，実数）
（出所）総務省「労働力調査（詳細集計）」長期時系列データ

　一方，働く側である労働者は，近年，「仕事」に対する意識が多様化しており，ひとつの企業に縛られることを好まず，自由時間を大切にしたい，好きな時間に働きたい，あるいは専門性を生かした職で働きたい，定年退職後も働きたいなど仕事に対するさまざまな考え方が出てきています。

　なお，日本企業における雇用形態や人材システムの方向や具体策を示したものとして，日本経営者団体連盟の『新時代の「日本的経営」─挑戦すべき方向とその具体策』（新・日本的経営システム等研究プロジェクト編［1995年］）があります。このプロジェクトで雇用形態は，期間の定めのない雇用契約による「長期蓄積能力活用型グループ」，有期雇用契約による「高度専門能力活用型グループ」，有期雇用契約による「雇用柔軟型グループ」の3つに類型化されていて，人材の育成と業務の効率化を図りつつ，仕事，人，コストを最も効率的に組み合わせた企業経営に向けた雇用ポートフォリオ論が提言されています。

2）採用方法の多様化

　雇用形態の多様化とともに採用方法の多様化もみられるようになってきました。専門的な知識や能力を有し，即戦力となる優秀な人材を求める傾向が出て

きたのです。実際に企業では，新規学卒者を採用することだけにこだわらず中途採用を増加させていることや，ソニーなどの国際的な企業が実施しているように，専門的な能力を有した人材や即戦力の人材を獲得するために職種別採用を行う企業が登場していることからも理解できます。また採用時期についても通年採用をする企業も増加していることや，卒業時期が異なる外国の大学を卒業した学生を採用するなど，採用時期も分散化される傾向にあるといえます。

そして人々の仕事に対する意識も変化してきており，転職は恥ではなく，むしろひとつの企業で定年まで仕事をすることにこだわらず，転職することによってキャリアのステップアップを目指す人々も増えています。

3) 評価（年功主義から能力主義へ）

終身雇用制と同様に「年功制」による処遇についても，（中高年ホワイトカラーの雇用を維持していくためにも）修正を余儀なくされています。単に勤続を重ねれば一定の役職まで到達できるのではなく，企業に対する貢献に見合った処遇を行うという，いわゆる「能力主義」人事が行われるようになってきました。

この能力主義人事は，職能資格基準に基づいて人事処遇を行う制度である職能資格制度を軸に展開されてきました。この制度自体は戦前から存在しており，戦前の場合は職員と工員とを区別した身分的資格制度でした。それが戦後の民主化の過程で廃止されて，学歴に基づく年功的な資格制度が生まれました。第一次石油ショック以降は，低成長経済と高齢化の進展にともない能力主義的処遇を行うために職能的要素を重視した資格制度が導入され，1980年以降より強化されました。この職能資格制度が注目される最大の理由は，短期的には昇進ポストの不足，長期的には情報化などによる経営革新の加速化にともない年功と能力とが必ずしも相関しなくなったという問題をもつためです。現在，多くの企業では昇進と昇格とを分離しています。昇進とは，課長や部長などの役職上の上昇をいい，昇格とは職能資格の序列が上昇することをいいます。

厚生労働省「平成21年就労条件総合調査結果の概況」で，基本給の決定要素別（複数回答）に企業数の割合をみてみると，管理職，管理職以外の両者とも「職務・職種など仕事の内容」や「職務遂行能力」を，決定要素としてウエイトを重くしている企業が多くあります。管理職では，「職務・職種など仕事

の内容」が77.9%（本社30人以上，前回（2001年）72.8%）で最も高く，次いで「職務遂行能力」が69.9%（同前回79.7%）となっています。管理職以外でも，「職務・職種など仕事の内容」が72.7%（同前回70.6%）で最も高く，次いで「職務遂行能力」が69.3%（同前回77.3%）となっています。

この流れのなかで，年俸制という制度を取り入れる企業もあります。前年の業績評価と社員個人に求められる役割に基づいて向こう1年間の賃金総額を決定する制度です。

4）就業形態の変化

重厚長大型産業から軽薄短小型産業が増加するにつれて，フレックス・タイム制，在宅勤務，サテライト・オフィスなど，就業形態においても変化が現れ始めています。

フレックス・タイム制は，1日の労働時間が職場で仕事をしなければならない「コア・タイム（核時間）」とその前後の「フレックス・タイム（選択就業時間）」とに分けられ，コア・タイムは拘束されるものの，フレックス・タイムは自主的に就業時間を決定できるというものです。つまり，出社時間と退社時間が従業員の自由裁量に委ねられるという制度で，これを実施している企業は比較的多くあります。これは，通勤時のラッシュ・アワーの緩和や欠勤対策として意味をもつものであると同時に，従業員自らが働く時間を決定することにより労働に対するモチベーションを高める効果もあります。

在宅勤務は，従業員の住居で勤務するもので，サテライト・オフィスとは，自宅や本社で勤務するのではなく，自宅から近いオフィスで業務を行うというものです。このような在宅勤務やサテライト・オフィスはIT社会の恩恵であり，会社と自宅あるいは個人の所在場所とがコンピュータの利用による情報ネット・ワークで結ばれて可能となります。今後このような新しい形態は携帯電話やモバイルPCの普及により，就業形態のひとつとして増加することでしょう。

なお，このようなフレックス・タイム制，在宅勤務，サテライト・オフィスなどの導入が可能となるには，評価システムが仕事の成果を重視するという能力主義の思想に基づく必要があり，当然，人事諸制度も同時にその方向に沿って変更されていることになると思われます。

【考えてみよう】

1. 事業部制組織を採用している企業をいくつか調査して、その企業活動の特徴をあげてみよう。
2. 組織内における権限と責任について、大きく3つの考え方「権限法定説」、「権限受容説」、「権限職能説」がある。それぞれどのような内容なのか調べてみよう。
3. 新しい組織形態として、「ネットワーク組織」がある。どのようなものかその組織構造を調べて、特色を考えてみよう。
4. 「日本的経営」の特色をみいだしたジェームズ・アベグレンについて、彼の経歴を調べて、さらに彼の主張をまとめてみよう。
5. QCサークルの具体的な取り組み内容について、いくつか例を調べてあげてみよう。

● 注

（1） 近代的組織論の代表的な研究者であるバーナードは、組織とは「二人以上の人々の意識的に調整された活動や諸力の一体系」と『新訳 経営者の役割』のなかで定義しています。

（2） デュポン社には、多角化による典型的な事業部制の成立をみることができます。同社は、企業買収により1902年アメリカにおいて最大の爆薬メーカーとなり、第1次世界大戦中は爆薬生産で各国に10億ドルを上回る火薬を販売したといいます。しかし、戦後の過剰設備が深刻になることを予測して、その対策として化学を基礎とする工業の多角化に進みました。こうした多角化の進行によって直面した問題は、本社と各部門の管理負担が増大したことでした。本社は数業種にまたがる各職能活動の目標設定と資源配分、各部門は業種の異なる多数の工場、営業所、購買事務、研究所などの調整・評価に苦心しました。さらに、1920年から21年にかけての深刻な不況で、新しい組織が必要とさるようになりました。会社の経営分析を行うために委員会が置かれその小委員会が分析にあたり、その結果「根本的な問題は販売上のそれではなく、組織の問題である」として、職能別組織から製品別組織への構造改革を提案しています。この組織改革案は1921年9月に採択され、新組織は独立的事業部（各事業部は製造、販売、管理部門を最低有する）と総合本社（専門スタッフ、本社幹部からなる）をもつものとなりました。この組織改革によって同社の業績は急上昇しています。

（3） 1920年代後半に、プロクター・アンド・ギャンブル（P&G）社は、広告部門の下に50を超えるブランド・グループを設け、ブランド・マネジャーを設置しま

した。これは，統一性のあるトータル・マーケティング・プランの必要性から生じたもので，特定ブランドの開発と販売促進を担うものでした。ブランド・マネジャーは，通常スタッフ部門に属して，開発・製造・販売といったライン部門に対して調整の役割を担います。

（4）　アベグレンは，1955年にフォード財団の研究フェローとして来日し，日本電気，住友電工，住友化学，東洋レーヨン（現・東レ），富士製鐵（現・新日本製鐵）などの第2次世界大戦後の日本企業と，欧米企業との比較を行いました。その成果をもとに1958年に著した『日本の経営』(The Japanese Factory: Aspects of its Social Organization)で，日本企業に共通する特徴として「終身雇用」「年功序列」「企業内組合」の3つを指摘しています。ただし，日本の「強み」と指摘された「終身雇用」という言葉は，原文では"life-time commitment"と書かれていて，これは『終身雇用』という意味ではなく労働者と企業との間で職場共同体として生涯にわたる強い結びつきがあるという意味を表しています。

◆ 参考文献

- Abegglen, J. C. (1958) *The Japanese Factory: Aspects of Its Social Organization*, The Free Press.（占部都美監訳 (1958)『日本の経営』ダイヤモンド社）
- Argyris, C. (1957) *Personality and Organization*, Harper and Row.（伊吹山太郎・中村実訳 (1970)『組織とパーソナリティー（新訳）』日本能率協会）
- Argyris, C. (1964) *Integrating the Individual and the Organization*, Wiley.（三隅二不二・黒川正流訳 (1969)『個人と組織の統合』産業能率短期大学出版部）
- Barnard, Chester I. (1938) *The Functions of the Executive*, Cambridge: Harvard University Press, 30th Anniversary ed.（山本安次郎・田杉競・飯野春樹訳 (1968)『新訳　経営者の役割』ダイヤモンド社）
- Chandler, A. D. (Jr.) (1962) *Strategy and Structure*, MIT Press.（三菱経済研究所訳 (1967)『経営戦略と組織』実業之日本社）
- Likert, Rensis F. (1961) *New Patterns of Management*, McGraw-Hill.（三隅二不二訳 (1964)『組織の行動科学』ダイヤモンド社）
- McGregor, Douglas (1960) *The Human Side of Enterprise*, McGraw-Hill.（高橋達男訳 (1966)『企業の人間的側面』産業能率大学出版部）
- Ouchi, W. G. (1981) "*TheoryZ*"（徳山二郎訳 (1981)『セオリーZ』CBSソニー出版）
- Simon, H. A. (1976) *Administrative Behavior*, 3rd ed., Free Press.（松田武彦ほか訳 (1989)『経営行動，新版』ダイヤモンド社）
- 安保哲夫・板垣博・上山邦夫・川村哲二・公文博 (1991)『アメリカに生きる日本的生産システム』東洋経済新報社

- 石井淳蔵・奥村昭博・加護野忠男・野中郁次郎（1996）『経営戦略論（新版）』有斐閣
- 伊丹敬之（1987）『人本主義企業』筑摩書房
- 占部都美（1978）『日本的経営を考える』中央経済社
- 占部都美・加護野忠男（1997）『経営学入門』中央経済社
- 加護野忠夫・野中郁次郎・榊原清則・奥村昭博（1983）『日本企業の経営比較―戦略的環境適応の理論―』日本経済新聞社
- 釜賀雅史（2003）『現代の企業と経営』学文社
- 金井壽宏（1999）『経営組織―経営学入門シリーズ』日本経済新聞社
- 川上哲郎・長尾竜一・伊丹敬之・加護野忠夫・岡崎哲二（1994）『日本型経営の叡智』PHP研究所
- 工藤達男（1991）『基本経営管理論（新訂版）』白桃書房
- 経済同友会（1991）『オープンシステムへの企業革新』
- 坂下昭宣（1999）『経営学への招待（改訂版）』白桃書房
- 佐藤博樹・藤村博之・八代充史（2003）『新版　新しい人事労務管理』有斐閣
- 新・日本経営システム等研究プロジェクト編（1995）『新時代の「日本的経営」―挑戦すべき方向とその具体策―』日本経営者団体連盟
- 総務省統計局統計（2001）『労働力調査　平成23年度結果』
- 高木晴夫監修，慶應義塾大学ビジネス・スクール編（2004）『人的資源マネジメント戦略』有斐閣
- 高橋浩夫・大山泰一郎（1995）『現代企業経営学』同文舘
- 高宮晋（1961）『経営組織論』ダイヤモンド社
- 竹内裕（1992）『職能資格人事制度』同文舘出版
- 津田真澂（1993）『新・人事労務管理』有斐閣
- 野中郁次郎（1985）『企業進化論』日本経済新聞社
- 間宏（1970）『日本的経営』日本経済新聞社
- 山城章・森本三男編著（1984）『入門経営学』実教出版
- 労働大臣官房政策調査部（1997）『日本的雇用制度の現状と展望』

Part I　企業と産業

企業の戦略行動

第3章

　現代の企業は，市場に製品やサービスを提供することによって利潤を獲得し，存続や成長をはかっています。とくに，近年では消費者（生活者）の多様化や情報の進展などによって，企業を取巻く外部環境は大きく変化しています。そのため，企業は将来の方向を決定するために，柔軟かつ素早い対応が求められています。この章では，企業が意思決定を行う際の経営戦略について学ぶとともに，その重要性について論じます。そして，さまざまな戦略策定の方法について考察します。

キーワード
　戦略，戦術，全社（全体）戦略，事業戦略，職能（機能）戦略，KFS，市場浸透戦略，市場開発（開拓）戦略，新製品開発戦略，多角化戦略，水平的多角化，垂直的多角化，集中（同心円）的多角化，コングロマリット（集成）的多角化，シナジー効果，R&D，スピンアウト，M&A（企業買収と企業合併），プロダクト・ポートフォリオ・マネジメント（PPM），経験曲線，プロダクト・ライフ・サイクル，SWOT分析，3C分析，マーケット・リーダー，マーケット・チャレンジャー，マーケット・ニッチャー，マーケット・フォロワー

1 経営戦略とは

　経営戦略という用語は軍事用語の**戦略**（Strategy）を語源としており，**戦術**（Tactics）と比較して，戦争を全局的に運用する方法として，広範囲の作戦計画を表現する場合に使用されてきました。

　このような軍事用語が，企業経営のなかで経営戦略として使用されるようになったのは，高度大衆消費社会という段階に突入した1960年代のアメリカにおいてとされています[1]。当時のアメリカは，市場が飽和状態に達し，既存の市場では成長機会を見出すことが困難になっていました。そして，企業間競争が激化するなかで，新たな成長分野を探したり，多角化によって事業の成長や発展を見出そうと生き残りに躍起になっていた時代でした。

　アルフレッド D. チャンドラー（Chandler, A. D. Jr.）は，『経営と組織』（1962）において，ゼネラル・モータース（GM），スタンダード石油，シアーズ，デュポンといったアメリカの巨大企業の成長過程を例にとり，これらの企業が多角化による発展過程で中央集権的な組織構造から分権的な組織構造へ移行していることを実証的に分析し指摘しました。そして，「組織は戦略に従う」という命題によって戦略が組織行動と成果に影響を与えることを明確にし，「戦略とは企業の基本的長期目標・目的を決定し，さらにこれを遂行するのに必要な行動方法を選択し諸資源を割り当てることである」と定義付け，企業が環境の変化に適応するためには新しい戦略を策定することが必要であると唱えました（Chandler, 1962＝1967：13）。

　また**イゴール・アンゾフ**（Ansoff, H. I.）は，「経営戦略とは企業の事業活動についての広範な概念を提供し，企業が新しい概念を探求するための明確な指針を決定し，企業の選択過程をもっとも魅力的な機会だけに絞るような意思決定のルールによって企業の役割を補足するもの」と定義しました（Ansoff, 1965＝1969：129）。そして，戦略は組織文化・風土に従うと経営戦略と組織の関係を結びつけました。つまり，彼は，戦略とは組織の能力・特性によって規定されると考え，環境の変化に柔軟に適応するための戦略策定には，それに対応できる能力や特性をもった組織を構築する必要があると考えました。

また，キャノン（Canon, J. T.），アンドリュース（Andrews, K. R.），ホファー＆シェンデル（Hofer, C. W. & D. Schendel, 1978）らは，持続的競争優位を達成するには適切なポジショニングを構築すること，あるいは競争に成功するためのセオリーなどから経営戦略の定義付けや概念を提示しました。

しかし，当時の経営戦略論は研究成果の蓄積が乏しく，歴史も浅かったことから，その概念や定義はさまざまな解釈がなされていましたが，共通の概念としては，①企業の将来の方向または在り方に一定の指針を与える構想であるということ，②企業と環境のかかわり方や環境適応のパターンに関するものであるということ，③企業のさまざまな意思決定の指針や決定ルールとしての役割を果たすことが指摘されました（石井他，1996:6-9）。

経営戦略とは，企業を取り巻いている環境とのかかわりについて，企業が存続し，発展するために自社を認識し，経営資源をどのように活用していくかを示したものであり，企業に関与する人たちへの指針となるべきものであるといえるでしょう。

2 経営戦略の基本的構造

経営戦略は，企業経営全体に関わる戦略の総称として使用される概念とされています。それは，範囲や職能，あるいは組織階層により**全社（全体）戦略**，**事業戦略**，**職能（機能）戦略**の3つの階層に分けることができます。そして，その階層はそれぞれ体系的にまとまりながら企業戦略全体を構成しています。

1）全社（全体）戦略（corporate strategy）

全社（全体）戦略とは，企業全体の方向性を示しており，自社の基本的事業を明確にし，市場や製品分野の活動領域の策定を行うものです。そして，各事業単位に経営資源をどのように配分するかという資源配分の決定に関わるものであり，事業戦略や職能（機能）戦略を統合し，有機的に結びつける役割も果たしています。

全体（全社）戦略を進める場合の出発点は，企業にとってどこに自社の生存

領域を求めるかというドメインを設定することからはじまりますが，その際には各個別戦略との整合性や一貫性，具体的な企業イメージを想起し，発展の可能性があるか，長期的な視野で考えられているかが重要です。

日本でドメインの議論が活発になされるようになったのは，1980年になってからです。当時は，大量生産・大量消費時代の時代が終焉し，企業間競争が激化するなかで，経営戦略に対する関心が高まるとともにドメインの概念も重要視されるようになりました。

2) 事業戦略 (business strategy)

事業戦略は，企業内のSBU (strategic business unit) という単位によって戦略を分類したものであり，各事業レベルでの戦略を示しています。各企業が展開している事業，製品・市場セグメントにおいて，他の企業との競争に優位に立てるよう，経営資源を活用し競争優位を確保できるかどうかが焦点となります。

3) 職能（機能）戦略 (functional strategy)

職能（機能）戦略は，機能戦略単位ごとに策定されるOBU (operational business unit) ですが，この戦略とは全社戦略や事業戦略を実行するための戦略です。具体的な戦略としては，マーケティング戦略，生産戦略，研究開発戦略，人事戦略，財務戦略などがこれに相当します。この段階では，各機能において与えられた資源を効率的に活用し，資源を極大化することに焦点があてられることとなります。

企業戦略	生産戦略	マーケティング戦略	研究開発戦略	財務戦略	人事戦略
事業戦略A					
事業戦略B					
事業戦略C					

図3-1　経営戦略の体系

（出所）土谷守章『企業と戦略』リクルート出版, 1984年, p.25

3 戦略策定のプロセス

　企業活動の存続や発展に重要な意味合いをもつ経営戦略の策定方法は，1960年代から1970年代にかけての戦略研究の主要なテーマのひとつとして考えられていました。戦略策定のプロセスの代表的なモデルとしてアンゾフ，アンドリュース，ホーファー，シェンデルなどが有名ですが，以下では，アンドリュースらの戦略策定モデルを例にとり説明することにしましょう（村松，1991：131）。

　戦略を策定する場合には，戦略の識別，環境分析，資源分析，ギャップ分析，戦略代替案の作成，戦略代替案の評価，戦略の選択の7つのステップを踏みながら実行されるとしています。

　①戦略策定の識別　戦略策定は，企業における現在の戦略の評価から始められることとなります。それらは，自社が対象としてきた市場特性，自社のこれまでの戦略に対する自社への評価，あるいは自社の市場における地位や財務状況なども合わせて検討されることとなります。

　②環境分析　次のステップとしては，企業が直面する主な機会と脅威を明

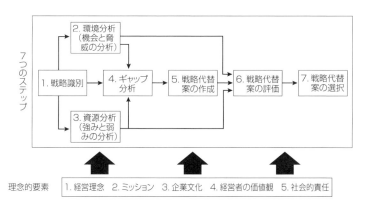

図3-2　戦略策定モデル
（出所）村松司叙『現代経営学総論』中央経済社，1991年，p.131

確にするための環境分析が行われます。その場合には、一般環境の情報と既存の業界情報，新商品や新事業などの競争的環境とを区別し分析がなされることとなります。この分析段階では，情報は単に収集されれば良いというものではなく，KFS (Key Factor for Success) を中心に自社にとっての機会と脅威を分析することが重要です。KFS とは企業が成功するための鍵としてとらえられます。

③**資源分析**　このステップでは自社の強み弱みを発見し，企業の有する能力を明確にするとともに利用が可能な資源とスキルの評価が実施されるでしょう。分析されるべき対象は，製品開発力，生産能力，マーケティング能力，財務能力，戦略推進能力などが相当しますが，KFS や競合企業との比較により分析がされることになります。

④**ギャップ分析**　環境分析によって得られた機会と脅威は，企業目標や企業の有する資源と対比させることによって，これまでの戦略を変更すべきか，あるいは新たな戦略を打ち立てるべきかを検討することになります。

⑤**戦略的代替案の作成**　5番目のステップは，戦略の代替案の策定であり，これまで検討された分析結果から，新しい戦略代替案が策定されることとなります。この段階は，将来の企業の方向性を決定するため，最も創造性が要求されることになります。

⑥**戦略的代替案の評価**　このステップでは，複数の戦略代替案について機会と脅威の観点から比較・検討をするとともに，それぞれの戦略代替案が実施された場合に生じる潜在的競争についての評価をするものです。

⑦**戦略の選択**　最後のステップでは，ひとつないしそれ以上の戦略的代替案が選択されることとなります。その場合，選択された代替案に関して機会を最大化し，脅威を最小化する方策についても考慮されることになるでしょう。

4. 企業戦略の類型

(1) 製品―市場マトリックス

　企業における既存事業の売り上げ拡大や収益の向上，もしくは新規事業の成

功など企業の成長戦略を考える場合，アンゾフが提唱した製品マトリックスが参考になります（Ansoff, 1965＝1969)。このマトリックスは，企業全体にとって，もしくは戦略的事業単位にとっての成長性を示しており，企業における製品や市場分野の選択や，新市場分野の創造について言及しています。

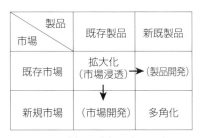

図3-3　製品―市場マトリックス
(出所) アンゾフ, H. I., 広田寿亮訳『企業戦略論』産能大学出版部, 1969年, p.137

彼は，企業が対象とする市場と提供する製品を縦軸・横軸にとり，それぞれを既存と新規に分類した2×2の4つの枠組みを提示し，企業の選択する製品や市場分野によって如何なる発展や成長を遂げていくかという観点から企業成長の4つの方向性を提示しています。

①**市場浸透戦略**（market penetration strategy）　現有の製品分野と現在の市場分野との組み合わせによって展開される戦略です。この戦略は，企業が現段階で販売している製品を，現在の市場に対して一層の売上げの拡大を図ろうとする戦略です。そのためには，マーケティングの積極的な導入を行うべきであると提唱しています。具体策としては，自社製品の売上げを一層拡大するように，現在の市場分野への広告や販売促進政策など積極的なプロモーション戦略を行ったり，あるいは販売経路を開拓することにより，競合他社からの顧客を奪いとること，既存顧客の製品購入頻度や量の拡大を目指すこと，新規顧客を獲得するという戦略です。

②**市場開発（開拓）戦略**（market development strategy）　現在の製品分野と新しい市場分野の組み合わせによって展開される戦略です。現在，販売している製品を新市場に投入することにより新市場を開発するものであり，それには2つの方法があると提唱しています。ひとつは地域の異なる新市場を開拓するものであり，もうひとつは製品を若干手直ししたりすることによって，市場における新しいセグメントを開拓する方法です。

③**新製品開発戦略**（new product development strategy）　新しい製品分野と現在の市場分野との組み合わせによって展開される戦略であり，新製品を

開発することにより現在の市場を拡大しようとする戦略です。具体的には，現有市場に対して，新製品を開発したり，改良された製品を投入することによりマーケット・シェアや利益の拡大を目指す方法です。

④**多角化戦略**（diversification strategy）　新しい製品分野と新しい市場分野との組み合わせによって展開される戦略です。この戦略は，これまで当該企業がかかわりをもってこなかった新しい市場に新商品を展開する戦略です。

このように成長戦略は4つに分類することができますが，市場浸透戦略，市場開発（開拓）戦略，新製品開発戦略のいずれも，該当する企業が従来からもっていた経営資源や蓄積されたノウハウを生かしながら成長を目指すという点で共通しています。したがって，成長戦略は現有製品・市場を基盤とした拡大化戦略と製品も市場も一から立ち上げることになる多角化戦略に大きく分類することができます。

(2) 多角化戦略

一般的に企業が成長戦略を考える場合，リスクの小さい拡大化戦略を選択する場合が多いといえますが，今日の市場の成熟化，企業間競争の激化という外部環境の変化により，従来の製品や市場だけでは成長が困難になってきていることもあることから多角化戦略が進められる機会が増えています。

1) 多角化戦略の4分類

多角化戦略は，これまで企業が進出していない新製品分野と新市場への未知なる分野への進出をする戦略であり，拡大化戦略と比較するとリスクの高い戦略といえるでしょう。多角化には，さまざまな方法がありますが，アンゾフは市場関連によるタイプと新製品分野における技術関連の組み合わせにより，多角化戦略を大きく4つに分類しました。

①**水平的多角化**（horizontal diversification）　既存製品の顧客層と同様の顧客層を対象にして，新しい機能や性能をもつような新製品を開発し，販売する戦略です。このタイプの多角化は，従来のマーケティング・チャネルや顧客情報などを活用するメリットがあることからマーケティングにおけるシナジー

（相乗）効果が期待できます。しかし，ターゲットとなる顧客は同じであるためカニバル現象が起こったり，売上げや利益の増加は見られても安定性を高めることはできないといえます。

　②**垂直的多角化**（vertical diversification）　生産工程の垂直的方向への多角化を意味しますが，企業が原材料や部品などを生産する川上の部門や販売先の川下の部門へ事業拡大を図ろうとする戦略です。前者においては，原材料の安定的確保が可能となり，後者では市場が確保できるなどのメリットがあります。いっぽう，技術やマーケティングに関するシナジー効果を生み出すことができない点や垂直的多角化によって企業の不安定性につながるデメリットも生じるかもしれません。

　③**集中（同心円）的多角化**（concentric diversification）　既存製品と新製品との間に技術面やマーケティング面の両方，あるいは片方が何らかの類似性や関連性をもつような既存の市場，生産技術のいずれかに関連性のある分野への多角化を行う戦略です。このタイプではこれまで蓄積された技術面やマーケティング面を生かすことができるため**シナジー効果**[2]が発生し，比較的リスクが少なく収益性も高い戦略といえるでしょう。

　④**コングロマリット（集成）的多角化**（conglomerate diversification）　上記に挙げた３つの多角化とは異なり技術的にもマーケティング的にも従来の方法とはまったく異なり，何の関連性ももたない未知の事業分野へ進出する戦略です。具体的な方法としては，企業買収や合弁，あるいは合併によって行われる場合が多く，成長や収益性が期待される分野に対して進出することによって早期に収益性を高めたりすることが可能である反面，シナジー効果が期待できないことやノウハウをもちえていないことから失敗することも多く，極めてリスクも高い多角化戦略といえます。

2）多角化の種類

　多角化にはさまざまな方法が考えられますが，それらは，①自社の技術を生かして新規事業を展開する方法，②自社のなかで新たな組織を設立して戦略を展開する方法，③他社資源を活用して戦略を展開する方法に大きく３つに分類することができます。具体的な手段としては，下記に挙げるような自社内にお

けるR&D，スピンアウト，M&Aなどが考えられます。

　①研究開発（R&D　research & development）　　自社が有する既存の技術やマーケティングノウハウを前提として，自社が独自に開発した技術を中心に戦略展開を行う最も伝統的な新規事業開発の方式です。この方法のメリットは，既存資源に基づいて行われるため一般的には大規模な投資を必要とせずシナジー効果を期待できることや他社とのかかわりをもたないため守秘義務を保つことができ，研究開発の結果を自社が優位に利用できるというメリットがありますが，開発までの時間がかかるなどのデメリットもあります。

　②スピンアウト（spin out）　　スピンアウトとは，企業内の不採算部門やリスクの高いと思われる部門を切り離し，分離・独立させる消極的なものと，企業内の独自に強みのある部門を分離・独立させて別会社とするような積極的なものの2つに分類できます。後者の積極的な手段の一つとして社内ベンチャーがありますが，それは社内の技術とノウハウを利用し，既存事業とはまったく異なる発想で切り離したうえでベンチャー・ビジネスとして新事業を立ち上げようとするものです。もうひとつの方法としてはジョイント・ベンチャーがありますが，生産，技術，販売面での業務提携や，2つ以上の企業がそれぞれの企業資本や技術資源を出し合いことにより新会社を設立する合弁企業の設立などが考えられます。

　③企業買収と企業合併（merger & acquisition）　　多角化の方法の一つに，合併と企業買収があります。この方法は，簡単に企業規模を拡大させたり，これまで未知の分野の業種に参入することによってその分野のノウハウを吸収することができるなどのメリットを有するいっぽうで，買収・合併した企業が当初予定していたような収益をあげることができないなど極めてリスクも高い方法です。

　合併とは2つ以上の企業が合同して，法的に独立したひとつの企業になることを意味します。合併の種類としては，①ふたつの企業が対等な立場で合併をする対等合併，②強い立場の企業が弱い立場の企業を飲み込み買収するような形式で合併を行い他方が消滅してしまうような吸収合併，③双方とも企業が消滅して新会社が設立されるような新設合併などがあります。

　買収とは，他社を支配することを目的に必要な株式を取得して子会社化する

方法です。買収には株式譲渡，営業譲渡，新株引受による譲渡など，さまざまな方法がありますが，株式譲渡による買収が一般的に多くみられます。

株式譲渡による買収の方法としては，TOB (take-over bid) と呼ばれる買収先企業の株式の取得価格，株数，日時などを公示して買収を行う方法，LBO (leveraged buyout) と呼ばれ，最近ではソフトバンクがボーダホンから買収を行う際に使用した方法として新聞などでも取り上げられた，買収先企業の資産や収益力を担保にして借金で買収資金をまかなうという買収方法も増加してきています（奥村，1990）。

一般的に，日本では買収のもつイメージから企業にとってマイナス部分が多く，好意的にとらえられていませんでしたが，とくに2000年以降は日本企業においても欧米企業と同様にM&Aが盛んに行われるようになってきました。企業買収では，企業にとって自主的な努力により成長を図るよりも，素早く企業成長が可能となることや市場シェアの急速な拡大を図ることができるなどのメリットもあります。

5 製品・事業の分類

(1) プロダクト・ポートフォリオ・マネジメント (PPM：Product Portfolio Management) とは

現代企業の多くは，さまざまな種類の製品を生産・販売したり，複数の事業を行ったりしています。そのため企業の有する経営資源を効率的，効果的に最適配分することが重要となってきました。その製品・事業相互の組み合わせ（ポートフォリオ）を決定するための経営分析・管理手法が，プロダクト・ポートフォリオ・マネジメントです。それは，外部変数（市場や産業の成長性，魅力度）と内部変数（自社の優位性，競争力・潜在力）の2つの視点から，製品や事業ごとに収益性，成長性，キャッシュフローなどを評価し，製品や事業の拡大，維持，縮小，撤退を決定するものです。

このように戦略を策定し自社資源をどのように配分するかということは，企業の成長や発展にとって極めて重要だといえます。

プロダクト・ポートフォリオ・マネジメントの代表的な手法としては，アメリカのコンサルティング会社である**ボストン・コンサルティング・グループ** (Boston Consulting Group: BCG) や**ゼネラル・エレクトリック社** (GE) らが開発したモデルが有名です[3]。

もともとポートフォリオとは，資産の組み合わせを意味していますが，PPMが登場した背景として，1960年代にGEが巨大化・多様化しすぎた製品グループの整理を行うためにBCGに研究を依頼したことに始まるといわれています。PPMとは，全社的視点から個々の事業や製品グループを資金の必要性，貢献度，成長性に基づき整理し，それぞれの事業配分について優先順位を定めるものです。その際，経験の蓄積によるコストの低下が管理，販売，マーケティング，流通などを含んだ総コストの関係にも適応することわかり，ある製品の累積生産量が倍増するにつれて，その製品の総コストが20～30%という一定の割合で低下する「経験曲線」[4]と成長，成熟を経て衰退に至る「プロダクト・ライフ・サイクル」(徳永編，1989：155-158) の2つの経験則の前提があるとされています。

(2) プロダクト・ポートフォリオ・マネジメントの理論的枠組み

プロダクト・ポートフォリオ・マネジメント (PPM) は，経験曲線の理論ではマーケット・シェアの重要性，そしてPLCの理論では製品や事業のライフ・サイクル上の地位に応じて戦略を変更すべきであるという2つの理論が意味することを踏まえて展開されています。

PPMの理論的な枠組みは，タテ軸にその製品が属する市場の年間成長率をあらわす市場成長率の高低をとり，ヨコ軸にその製品・事業単位における最大となる競合企業のシェアに対する相対的シェアをあらわすことのできるマーケット・シェアの高低をとった2次元マトリックスで構成されています (図3-4)。この4つのセルのそれぞれに，自社の製品や事業領域を当てはめることによって，それぞれの特徴を明らかにし，取るべき戦略を確認することができるというものです。各々のセルには，**負け犬**，**問題児**，**花形**，**金のなる木**という特徴をあらわす名称が付けられています (コトラー，1995：8-15)。

①**負け犬 (dog)**　　負け犬とは，市場の成長率と自社のシェアもともに低く，

利益は低いいっぽうで投入する資金も少ない状態を表します。戦略的に見た場合，どのような意思決定を行うべきかの判断が困難である製品・事業といえますが，一般的には撤退戦略を採用する場合が多いと考えられています。撤退には，顧客や流通業者からの反発を招くことも多いのですが，限られた資源を有効に活用するために他の成長分野に回すことで企業全体として成長を目指すことになります。また，投入資金に余剰

図3-4　4セルのPPM

が発生した場合は，市場の差別化を目指して「金のなる木」の育成をすることが可能となります。

②**問題児**(problem child)　市場の成長率が高いにもかかわらず，自社のシェアが低いために成長市場におけるシェアの維持や拡大をするために多額の資金が必要とされます。この地位では，資金流入によりも，多くの投資が必要となるため資金不足に陥りやすいと考えられます。しかし，将来的には，「花形」になる可能性を秘めた製品・事業領域といえるでしょう。この製品・事業領域では，自社が強みを発揮できる製品や市場と考えるならば，目先の利益は度外視して徹底的に資源の重点投入を行うことによりシェアの拡大を目指し，この「問題児」を「花形」へと育成する戦略を採ります。しかし，たとえ魅力的な市場であっても自社の製品・事業療育に強みを発揮できない場合は，撤退戦略を採りうる場合もあります。

③**花形**(star)　この地位は，市場の成長率と自社のシェアとも高く，そのため利益率も高く資金流入も多いと考えられます。しかし，さらなる成長のために投資する資金も必要となるため，必ずしも資金的な余裕を生む状態ではありません。この地位にある場合，現在の高い市場シェアを維持し，成長にしたがって売上げを伸ばしていくことも必要となります。そのために，市場成長率を上回るための積極的な設備投資を行う必要があります。また，製品差別化

のために研究開発のための費用を増やし，品質の向上や新製品開発に力を注ぐ必要も生じます。一般的には利益よりもシェアを重視する傾向があります。

④**金のなる木（cash cow）**　金のなる木は，市場成長率は低いけれども自社のシェアが高いために利益率が高く，多くの資金流入をもたらすことができる領域とされています。この領域は，市場成長率が低いため投資のための資金量も少なくて済みます。したがって，十分な利益を生み出し，企業にとって最も貢献度の高い製品・事業領域と考えることができるため，いわゆる収穫戦略と呼ばれることがあります。したがって，多少シェアが低下しても現在の利益を維持することが目標に掲げられます。同様に，市場成長率が低く将来性に乏しいため，できるだけ設備投資，研究開発，プロモーションを主体としたマーケティング活動は控えられることとなり，獲得した資金は「問題児」や「花形」に回す場合が多く見られる領域です。

このように，PPM は全社的な観点から，自社の製品・事業領域の戦略的な位置づけを明確にして最適な資源配分を考えるものです。したがって，自社製

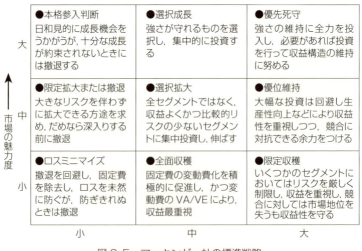

図 3-5　マッキンゼー社の標準戦略

（出所）大前研一『続・企業参謀』プレジデント社，2003 年

品・事業領域をライフ・サイクルに対応させながら,「問題児」から「花形」へ,「花形」から「金のなる木」へと育成するべきであるという点や,必要な資金は「金のなる木」から獲得するべきであることなど,バランスのとれた製品・事業ミックスとは何かという経営戦略の指針として活用することができるでしょう。

6 事業戦略の類型

事業戦略の類型化や戦略策定に関するモデルはさまざまなものがありますが,ここではSWOT分析,3C分析,**マイケル・E. ポーター**の競争戦略,**フィリップ・コトラー**の競争地位戦略など代表的なモデルを挙げて説明することにします。

(1) 3C分析

経営戦略の立案をする際に用いられる環境分析の代表的なフレームワークのひとつとして自社 (corporation),顧客 (customer),競合相手 (competitor) の3つの観点から分析を行う3C分析があります。自社分析では,自社の経営資源や能力を把握し,自社や自社商品の市場における位置づけ,あるいは収益性,ブランド力,生産・販売・財務・技術開発などの能力について分析します。また,顧客分析では,自社の顕在顧客や潜在顧客の購買意思や能力を把握し,市場規模,顧客特性,市場の成長性,ニーズ,購買過程を検討します。さらに,競合分析では,市場における自社と競合他社との生産・販売・財務・技術開発などすべての面を比較します。そして,これらの分析を通し成功要因を見つけ出し自社の戦略を立案していきます。

(2) SWOT分析

SWOT分析とは,企業が事業戦略等を策定する際に使用する代表的な分析手法のひとつです。SWOTとは,強み (Strength),弱み (Weakness),機会 (Opportunity),脅威 (Threat) という4つの頭文字から名づけられています。

この分析手法は，事業戦略を策定する際に自社分析（内部分析）と自社を取り巻く外部環境の分析（外部分析）から現状の自社の置かれている現状を把握，分析し，これらをもとに自社の有する商品や資産をどのような市場で展開するか，あるいはどのような方法で展開するかを決定する指針とします。内部分析とは，自社を分析することですが，そこでは商品力，コスト体質，販売力，技術力，ブランド力，財務状況，人材，意思決定力などを検討し自社商品や資源の自社の競合相手との相対的な強みや弱みを明らかにします。また，外部分析とは自社を取り巻いているマクロ要因（政府，経済・社会状況，技術の進展，法的規制など）やミクロ要因（市場規模や成長性，顧客の価値観や特性，価格，競合他社，協力会社など）などの外部環境要因に関するビジネス上の機会と脅威を明らかにします。このように，自社にとっての促進要因と阻害要因に分けることにより自社の方向性を導き出すことになります。

(3) 競争戦略 (competitive strategy)

事業戦略，あるいは競争戦略といわれる戦略は，事業ごとに採られる戦略であり，各製品・市場領域において競合企業に対してどのような戦略を採るかが焦点となります。マイケル・E. ポーター (Porter, Michael E.) は，『競争の戦略』(1980) および『競争優位の戦略』(1985) において，企業の競争に関わる戦略パ

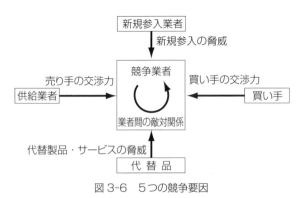

図3-6　5つの競争要因

（出所）M.E. ポーター，土岐坤・中迷萬治・服部照夫訳『競争の戦略』ダイヤモンド社, 1995年, p. 18

ターンを類型化し提示しました。

『競争の戦略』では、企業の置かれている環境に着目し、競合市場、①既存の競合企業間の競争力の程度、②新規参入の脅威、③代替製品の脅威や圧力、④買い手の交渉力の強さ、⑤原材料や部品などの供給業者の

図3-7　3つの基本戦略

（出所）図3-6に同じ、p.61

交渉力の強さ、のそれぞれが相互に関わりをもつ5つの要因によって規定されているとして、自社の競争関係がどのような状況にあるのかを把握することが重要であると論じました。そして、彼は5つの要因の分析を通して戦略展開において自社の強みと弱みの分析が必要不可欠であると論じました。

またポーターは、『競争優位の戦略』において、競争優位をつくりあげるための競争戦略としてターゲットとする市場をタテ軸に、戦略的優位性をヨコ軸にとり、コスト・リーダーシップ戦略、差別化戦略、集中戦略からなる3つの基本戦略を類型化しました。

①コスト・リーダーシップ戦略　競争企業に対して低いコストで生産や販売を行い、競争上の優位性を確保する戦略です。この戦略は、大企業でよく用いられており、低コストによるマーケット・シェアの拡大、規模の経済性による恩恵、さらなるコストダウンによって好循環がもたらされるというものです。また、この戦略は経験曲線の概念が前提とされており、他の企業よりもコスト面で優位に立つためには、生産設備の拡大による規模の経済性を生かすこと、諸経費削減、R&Dや広告、販売促進などのマーケティングの削減などが必要であることを指摘しました。

しかし、技術革新により投資や習熟効果が無駄になってしまったり、コスト面に注目した結果としてマーケットや消費者の変化に気づくのが遅れてしまい対応を誤るというケースもあり十分な注意が必要です。

②差別化戦略　他社とは異なる製品・サービスを提供することにより差別

イーストマン・コダックの経営破綻にみる経営戦略の重要性

　かつて，フィルムの巨人といわれ，130年以上の歴史をもつ名門企業であったイーストマン・コダック社は，デジタル化という技術革新の大波に飲み込まれ経営破綻しました。
　コダック社は，一般家庭に写真を浸透させ，写真フィルムを市場に浸透させました。しかし1975年に，コダック社が初めて開発したデジタル・カメラの普及が皮肉にも自社の業績の落ち込みに拍車をかけてしまうことになり，写真のデジタル化に対応することができないままフィルム販売の落ち込みで経営の悪化が続いていきました。さらに，従来のフィルム市場が縮小していくなかで，デジタル・カメラ関連の機器開発でも後手に回り，写真のデジタル化を徹底して追求した富士写真フイルム（現富士フイルムホールディングス）やコニカ（現コニカミノルタホールディングス）などのライバル企業に対して，明らかに劣勢に立たされてしまいました。
　こうした状況は，ある特定分野でリーダーとして君臨してきた企業で見受けられる現象であり，それまでの成功神話にとらわれて，素早く市場の変化に対応できなかった企業の一例だといえるでしょう。コダック社にとって，それまで高収益を支えてきたのがフィルムの製造販売だったために業態を転換することができず，デジタル・カメラやカメラ付き携帯電話が急速に普及するなかで，業績の悪化を招いたといえます。
　それに対して，富士写真フイルムは，フィルム事業で培った技術をもとに新分野に参入し，液晶テレビ用のフィルムで強みを発揮し，医療や化粧品などの分野にも力を注いでいきました。また，コニカは，フィルムやカメラ事業から完全撤退し，光ディスク用レンズや商業用印刷機の分野で実績をあげています。
　コダック社のとった経営戦略は，いわゆる選択と集中をして，化学や医療関連など周辺事業を売却して経営効率を高めるというものでした。ところが，これによってコダック社は，周辺事業に経営資源を移して業態の転換を図るというチャンスを失うことになってしまったのです。
　これは，経営戦略における撤退戦略の失敗であり，経営戦略を見誤るとリーダー企業であっても経営破たんに追い込まれてしまうという実例です。
　このように，市場環境が大きく変化するなかでは，企業は環境の変化に的確に対応し，事業分野を絞り込んだり，新たな市場へ参入する判断が極めて重要になるでしょう。

化を図り，競争企業に対して優位に立とうとする戦略です。この戦略に必要な経営資源は，製品開発能力やマーケティング能力であり，具体的には製品の設計やデザイン，製品機能や品質，ブランドイメージなどの製品面での差別化，あるいは製品サービス，アフター・サービス，ローンなどの代金支払い条件などの顧客サービスによる差別化，また広告や宣伝により企業自体のイメージを高めるという差別化などを挙げることができます。

　他社との差別化を明確にできれば，価格競争に陥ることなく優位性を保つことが可能となりますが，時間の経過により当初の差別化の優位性を維持できなくなることや，あるいは他社の類似商品や模倣製品の登場によって差別化が困難になることなどのリスクも考えられます。

　③**集中戦略**　　市場全体をターゲットとするのではなく，市場を細分化し，地域，顧客層，製品分野などにおける特定のセグメントに資源を集中することにより，限られた市場のなかで効果的かつ効率的に利益を獲得し，他社に対して優位性を保つための戦略です。この戦略を優位に進める条件として，自社の強みを生かせるセグメントを発見し，そのセグメントに他社が容易に参入することができないことが前提条件となります。

（4）競争地位に基づく競争戦略

　競争戦略では，企業の相対的な事業規模や競争上の地位により採るべき戦略は異なりますが，フィリップ・コトラーは競争地位を，①**マーケット・リーダー**，②**マーケット・チャレンジャー**，③**マーケット・ニッチャー**，④**マーケット・フォロワー**の4つに類型化し，企業の採るべき戦略を提示しています（コトラー他，1995：66-68）。

　①**マーケット・リーダー**　　当該市場において，最大の市場シェアを誇るナンバーワン企業を指しますが，この企業の目的はシェアナンバーワンの地位を確保することです。そのためには，市場における主要な顧客層を獲得することはもちろんのこと，その周辺市場の顧客層も広く獲得するような全方位戦略を採ることが特徴です。すなわちこのリーダーの採る基本方針は，ターゲットを絞りこむのではなく市場全体を対象に豊富な経営資源を生かして自社の優位性を追求することにより，市場シェアを維持することや，さらなる市場規模の拡

大を目指す戦略を採ります。ただ前述したように，マーケット・シェアの維持や拡大といった戦略とも自ら積極的にしかけることはせず，受動的に対応するケースが多くみられます。

②マーケット・チャレンジャー　この地位に位置する企業は，常にリーダーとなる企業を意識して市場におけるリーダーの地位を狙う目的があるためリーダーに準ずるターゲットを狙っています。しかし，リーダーと同様の戦略ではチャレンジャーにとって優位性をもつことはできないことから，リーダーとは異なるような革新的な差別化戦略が必要となります。差別化戦略の具体策としては，①製品面での差別化（リーダー企業の製品よりも同価格でありながら高品質であるような製品開発や革新的な新製品の投入），また，②価格面での差別化（リーダーと同品質の製品を低価格で販売することなど），そして，③流通面での差別化（新しい流通経路の開発やリーダーが利用できないと思われるチャネル開発など）が考えられます。

③マーケット・ニッチャー　マーケット・リーダーをはじめとした企業が見逃しているような隙間市場や参入しても市場規模がそれほど大きくないような市場を見つけ出し，その市場において独占的地位を構築する企業を指しています。一般的にこのタイプの企業は，リーダーを狙うポジションにはないと思われますが，ターゲット，地域，流通，製品の品質や特性など，経営資源に何らかの独自性や優位性を備えていることが大きな特徴です。したがって，ニッチャーの採る戦略とは，自社の強みを生かせるセグメントに経営資源を集中化する戦略です。このタイプの企業で大切なことは，自社における経営資源において，何らかの点での独自性が絶対条件であり，他社が簡単に模倣できないことや市場規模もそれほど大きくないということになります。

④マーケット・フォロワー　リーダーやチャレンジャーとの競合を避け，両社の戦略を模倣する戦略を立て追随していくような戦略がフォロワーの基本的戦略とされています。この戦略をとる企業の大半は経営資源において優位性をもたないため，リーダーやチャレンジャーのライバルとして対抗するべき製品や戦略等の手段はもっていないことや，同様にニッチャーのように突出した独自性も持ち合わせていません。したがって，このタイプの企業の戦略の中心となるのは，限られた経営資源のなかで最大限の効率化を狙うことに主眼がお

かれます。このような点から，製品や市場における開発コストを低減することやリスクを回避できることからリーダーやチャレンジャーと比較してみた場合，シェアでは劣るものの，戦略の方法によってはそれなりの業績を上げることも可能になります。

このように，コトラーの4つの戦略の類型化は経営戦略をみるうえで現実的な方法であり，しかも企業が戦略策定を行ううえで有効な分類方法の指針として示されています。

【考えてみよう】

1. 経営戦略を策定する場合の7つのステップについて考えよう。
2. アンゾフの提唱した市場マトリックスについてまとめてみよう。
3. 事業戦略の類型化や戦略策定に関するさまざまなモデル（SWOT分析，3C分析，マイケル・E. ポーターの競争戦略，フィリップ・コトラーの競争地位戦略）の理解を深めるとともに，それらの戦略を実際の企業に当てはめて経営戦略を考えてみよう。

●注
（1） 経営戦略という用語を初めて実業界に導入したのは，1947年にゲーム理論を開発したフォン・ノイマンとモルゲンシュターンといわれていますが，この概念が広く使われるようになった契機は，アルフレッド・D. チャンドラー『経営戦略と組織』(1962)によるといわれています。
（2） シナジー（synergy）とは，共通の経営要素を利用することにより1＋1が2以上になるような相乗効果のことです。アンゾフも述べていますが，シナジーには生産シナジー，マーケティングシナジー，販売シナジー，マネジメント・シナジーがあり，企業が多角化により新規事業に参入する際に新事業のリスクを低減させる効果をもたらす重要な要素になるといわれています。シナジー効果については，伊丹敬之(1984)『新・経営戦略の論理』日本経済新聞社，第6章，吉原秀樹(1986)『戦略的企業革新』東洋経済新報社，第7章を参照してください。
（3） PPMはBCGが開発した4セル（図3-6），あるいはマッキンゼー社がそれに手を加えて開発した9セルのものがあります（図3-7），いずれも既存製品や事業

に関わる戦略には適応できますが，新製品や新規事業には適応できないことや，個々の事業や製品単位で考えるためシナジー効果を発揮できないことなど問題点も抱えています。
（4） Craig S. Fleisher，管澤喜男監訳（2005）『戦略と競争分析』コロナ社，2部「戦略」および「競争分析テクニック」を参照してください。

◆引用・参考文献

- Ansoff, H. I.（1965）*Corporate Strategy*, McGraw-Hill.（広田寿亮訳（1969）『企業戦略論』産能大学出版部）
- Chandler, A. D.（1962）*Strategy and Structure*, MIT Press.（三菱経済研究所訳（1967）『経営戦略と経営組織』実業之日本社）
- Hofer, C. W. & D. Shendel（1978）*Strategy Formulation: Analytical Concepts*, St. Paul: West.（奥村昭博・榊原清則・野中郁次郎訳（1981）『戦略策定』千倉書房）
- Porter, M. E.（1980）*Competitive Strategy*, Free Press.（土岐坤・中辻萬冶・服部照夫訳（1995）『競争の戦略（新訂2版）』ダイヤモンド社）
- 石井淳蔵他（1996）『経営戦略論（新版）』有斐閣
- 奥村宏（1990）『企業買収—M＆Aの時代—』岩波新書
- コトラー，P., 和田充夫訳（1995）『新版・マーケティング原理』ダイヤモンド社
- コトラー，P. & ゲイリー・アームストロング，和田充夫・青井倫一訳（1995）『マーケティング原理』ダイヤモンド社
- 榊原清則（1992）『企業ドメインの戦略論』中央公論社
- 徳永豊編（1989）『例解マーケティングの管理と診断』同友館
- 村松司叙（1991）『現代経営学総論』中央経済社

Part I 企業と産業

グローバル化・情報化と企業活動

第4章

　現代企業は，その活動を国内だけに留めず，世界的に展開するケースが増えています。本章では，企業のグローバル化に焦点を当て情報社会のもとで企業活動がいかに変化していくかを考えます。具体的には，国際化とグローバル化を定義し，企業活動が進化していくなかで本国とは異なる海外市場における企業の環境について考察します。さらに，国内生産，海外輸出，ライセンス生産，直接投資などの企業活動の進化過程についての理解を深めることを目的とします。

キーワード

　BRICS, アジアNIES, ASEAN, サプライチェーンマネジメント, 国際化, グローバリゼーション, 多国籍企業（MNC）, IPLCモデル, OLIパラダイム, 自己集団準拠枠基準（SRC）, ジョイントベンチャー, 製造委託契約, フランチャイズ契約, マネジメント契約, 戦略同盟（アライアンス）

1 企業活動のグローバル化と情報の進展

(1) 企業におけるグローバル化の背景

　21世紀に入り企業活動におけるグローバル化は，国家間の政治体制や経済システムの違いがあるにもかかわらず，国境を意識することなく展開されるようになっています。グローバル化の進展をもたらした理由のひとつに情報化があります。企業は専用回線からインターネット回線への利用によって，企業間同士，あるいは企業と顧客間でも，それまでとは異なる関係構築が進展しました。また，誰でも簡単にどこにいても情報を享受することができるようになりました。さらにブロードバンド時代になり，スマートホンやiPodなどをはじめとする新しい電子機器が普及しユビキタス社会が到来すると，企業間，企業と消費者間，あるいは消費者間においても情報は，一方通行型から双方型へと変化し情報の役割も変化してきました。

　国際的あるいはグローバルな事業規模で企業活動を展開する企業といえば，先進国に本社を置く巨大資本を有する**多国籍企業（MNC）**が中心でした。しかし，現在では，以前は発展途上国と呼ばれた韓国，台湾などの企業などが台頭するとともにBRICsと呼ばれるブラジル，ロシア，インド，中国などの新興国も目覚ましい経済発展を遂げており，それらの国々の企業も世界市場で企業活動を展開しています。

　これまでの企業の進化過程は，当初国内生産から始まり，輸出から海外生産へと段階を経て国際化を果たすというのが一般的とされていました。しかし，情報化時代において，国際化への段階過程は勿論のこと，母国籍や事業規模，あるいは業種・業態も多種多様化しており，事業展開の方法も大きく変化しています。

　つまり，企業活動のグローバル化をもたらしたのは，交通や物流，通信・情報技術の急速な進歩によりヒト・モノ・カネの動きが拡大し，文化・社会・政治・経済面における障壁が減少したことや変化したことに要因を見つけることができます。とくに，その中心になっているのは情報技術の進展ですが，具体的には以下の点をあげることができるでしょう（加藤他編著，2006：216）。

① インターネットやブロードバンドの普及により国境の制約がなくなり，誰もが世界中の情報を瞬時に，しかも容易に手に入れることができるようになったこと。
② ブロードバンドの進展やスマートホンの登場によって，ユビキタス社会が確立し，それまでの一方通行型社会から双方型社会へと変化していること。
③ 通信システムや電子ビジネスの普及によって迅速性や正確性が要求される在庫管理，代金決済，資源調達，物流面でネットワークの構築が可能となり，個人や企業ベースでグローバル間の取引が進展したこと。
④ 政府の規制緩和や撤廃がなされたことにより，国と国を跨いだ企業活動の提携や連携が活発化したこと。
⑤ 金融の国際化によってモノやカネのグローバル化が進展したこと
⑥ 航空運賃の値下がりによる海外旅行者の増加や労働力確保のための海外労働者の受け入れによってヒトのグローバル化を加速させるとともに，文化・社会面においても交流が活発化したこと。
⑦ ソビエト連邦や東ヨーロッパ諸国の社会主義体制が崩壊したり，中国が改革開放路線に基づいた社会主義市場経済を掲げWTOに加盟するなど世界が自由競争を中心とした市場経済へ移行しはじめたこと。
⑧ **アジアNIES**（韓国，台湾，香港，シンガポール），**ASEAN**（マレーシア，インドネシア，タイ，フィリピンなど），そしてBRICs（ブラジル，ロシア，インド，中国）をはじめとしたアジア，中南米，アフリカの一部の発展途上国が急速に経済成長を遂げ始め，生産拠点や市場となり始めたために企業間取引の世界的拡大が広がり始めたこと。

このようにグローバル化や情報化は，企業活動と同時に私たちの日常生活に対しても大きな変化をもたらしています。

（2）情報ネットワークが生み出すビジネスチャンスと脅威

情報技術の発展は，インターネットが登場したことによる部分が大きいとされていますが，実際にはブロードバンドの進展が企業活動や人々の消費行動に大きな変化をもたらしました。それは，単一方向社会から双方向社会への変化であり，いつでもどこでも情報を手に入れることができ，世界的なネットワー

クを構築できるような情報社会の出現です。

　このことは企業にとって，情報の低コスト化や時間・距離・国家の制約要因の減少をもたらしました。前述したように，これまで世界中で企業活動を展開する企業といえば，先進国に多く見られた多国籍企業が中心でしたが，情報の機器の進展により，低予算でも商圏を拡大できるようになったことから規模の大きさに関係なく中小企業でも売上げを拡大したり，インターネットのような新たな販売経路・チャネルにより市場開拓や拡大（直販，インターネット販売など）が可能となりました。

　また企業のなかには，情報ツールを企業内外へのビジネスツールとして活用し，経営革新，企業競争力の強化，経営の効率化に役立てる企業も出てきました。

　たとえば，製品開発面においては消費者ニーズを素早く具体化する必要があるため，企業間同士で情報を共有化することにより製品開発の時間短縮や協業体制の協力が可能となりました。また，企業間同士による製品開発の協力体制を構築するだけではなく，とくに近年ではSNSやツイッターなどの登場により消費者自らが製品に対する意見を述べたり，消費者が求める製品を開発する消費者参加型の製品開発も活発化してきました。

　また，在庫管理をめぐる動きとしては，従来の企業単位の最適在庫水準を目指すという考え方から**サプライチェーンマネジメント（SCM：supply chain management）**と呼ばれる，川上，川中，川下という繋がりのある企業全体で適正在庫を目指すという考え方がでてきました。企業は，情報を活用することにより低コストで調達・納入先を開拓したり，1対多から多対多というようにeマーケットプレイスを活用する動きも出ています（阿部，2009：145-151）。

　さらには，企業によっては不採算部門を外注するようなアウトソーシングカンパニーの利用も拡大しています。とくに，近年では専門サービスに関するアウトソーシングも本格化してきており，情報システム部門だけではなく経理，総務，人事，ロジスティクスなど専門性の高い業務についても**アウトソース化**する動きが広がっています。このことは，高度な人材を抱えることの人件費の削減や継続的な投資の軽減にもつながっています。

　情報の進展により決済業務の効率化・迅速化の動きも拡大してきており，ネッティングなどの企業間決済の容易化，金融機関に対する決済業務委託の最小

化などがみられるようになってきました(村山,2006・2007)。

しかしながら情報の進展は,企業のこれまでのやり方が通用しない場合も多く良いことばかりではありません。数々の情報ネットワークがもたらす脅威に直面することになります。情報社会に乗り遅れた企業や硬直化した企業は淘汰され,異業種や異なる地域からの市場参入もあり,これまで以上に企業間競争は激しくなり企業間格差も増大するものと思われます。

具体的には,取引の主導権の移転・移動が起こったり,販売者から購買者へ価格コントロールの移転が生じたり,あるいは仲介業者・卸売業の淘汰など,企業は機会が増加するいっぽうで新たな脅威も発生します。

アメリカでは,中間マージンで利益を上げてきたような旅行代理店をはじめとするサービス業の急速な減少,日本でも卸売業を中心とした多段階構造から単純構造へと変化していくことも考えられます(阿部,2009:50-58)。このため,商社や大手卸売業は,在庫調整はもちろんのこと,それ以外の機能の強化や育成など新規事業,投資事業の育成,川上,川下への参入などこれまでとは異なる分野や事業を展開する企業も多くみられるようになるでしょう。

(3) 企業におけるグローバル化の目的と要因

国内において成功を収めた企業は,企業成長や拡大を求めて世界市場への進出を企てます。しかしながら,今日の企業がグローバル市場への進出を果たす目的や要因は従来の考え方とは異なって来ています。

従来からの貿易論の考え方では,比較優位という立場に沿った考え方を基本としてきました。それは,先進国と発展途上国では,経済格差が大きいため,発展途上国や一人当たりのGNPの低い国で生産されたモノは,先進国や一人当たりのGNPが高い国で生産されたモノより安く生産することができることから海外進出を行うという考え方です。GNPの高い国に本社を置く企業は,労働賃金などの生産コスト面で相対的な差が生ずることにより製造されたモノの価格が異なることから生産体制をGNPの低い国に移動して安価な労働コストを利用する戦略です。具体的には,アメリカ企業がメキシコや中南米に,また日本企業が中国やASEAN諸国に,現地工場を設立してモノを生産するといった行動はその労働コストに関する優位性を利用するための戦略といっても

良いでしょう。

　しかし，近年では企業は単に生産コストを押さえるという目的のためばかりではなく，さまざまな目的や要因によってグローバル市場を見据えた戦略を展開するように変化してきています。

　その理由は，グローバル市場における市場の同質化・均質化傾向が顕著になり，世界の消費者の購買行動も似通ってきたことからグローバル市場で同質製品を大量に生産することが可能になってきました。そのため，企業は世界市場を同一市場としてみなし，規模の経済の恩恵を享受することを目的としたグローバル市場へ進出を始めました。別の要因としては，連結経済というべき情報・決済・在庫などを世界的に結びつけることによってコスト削減を図り，ネットワークが経済性を生み出す要因もグローバル市場へ展開する理由として挙げることができます。その結果，企業は世界的な規模でのネットワークを構築することによって，本国企業と海外子会社との間で部品や生産のためのコストを削減することが可能となります。また，企業間の連携や提携，他の企業との投資の共有によってリスクの分散や，世界中の情報をすばやく入手することが可能になることなどのメリットも期待できます。さらに，グローバル化により適材適所というマーケティング上のメリットも発生します。

　このように，企業のグローバル化にはさまざまな理由が考えられますが，大きく市場関連要因，生産関連要因，政治関連要因などに分類することができます（田内・堀出，1994：17-18）。

　市場関連要因では，①国内市場が成熟し国内市場の販売の伸びが見込めない，②競合企業の海外市場への進出に対抗する，③親企業の海外市場進出に合わせる，④進出国の市場シェアの伸びを見込んで展開する，⑤将来の成長市場への基盤づくりを行う，⑥進出国市場における市場環境を知り，マーケティングを有利に展開することなどです。

　生産関連要因では，①自国の生産コスト高を避けるため生産コストが安価な市場を求める，②資源調達のために有利な地域を求める，③海外市場や企業の進んだ技術やノウハウを吸収する，④生産のネットワークを構築し適材適所での生産体制を確立するなどがあります。

　政治関連およびその他の要因としては，①法律の規制，制約の緩い地域を求

める，②企業誘致政策を展開する地域や国家に参入する，③輸出による経済摩擦の回避をする，④リスクを分散するなどを挙げることができます。

グローバル経営のとらえ方

(1) 国際化とグローバル化

　企業の国際化とグローバル化では，どのような違いがあるのでしょうか。**国際化**（**internationalization**）とは，inter＝間，相互，中間と national＝国家間の，国際的な，という意味をあわせたものです（大矢野，1996：1-8）。つまり国際化の意味は国と国との間の関係にあり，政治，経済，社会，文化などの差異を意識しながら自国を中心として1対1で他の国との関係を考えることであり，自国と進出国との関係の構築が主体と考えられます。

　一方，**グローバリゼーション**（**globalization**）とは，地球規模，全世界的規模という意味があり，基本的な考え方は国内や海外を一元的にとらえるものです。そして，世界はひとつであるという見識に立ち物事を考える意味合いをもちます。つまり，企業のグローバル化とは自国市場と海外市場を分けて考えるのではなく，国境の枠組みを越えるボーダーレスという地球規模で展開されるものであり，世界的視野のもとで有機的な連携を行うことが主体となります。

　以上のことから，国際化とは国内から海外へと活動拠点を拡大することを指

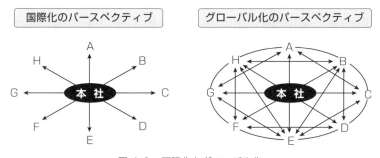

図4-1　国際化とグローバル化

（出所）根本孝編『グローカル経営』同文館出版，2004年，p.11

すのに対して，グローバル化は世界規模での経営活動の相互依存化が進展した状態を指します。また狭義のグローバル化とは，世界市場を単一市場としてとらえて，付加価値活動を1箇所で集中的に行い，経済効率性や規模の経済性を享受する戦略を示す場合や（Bartlett & Ghoshal, 1989＝1998），いくつかの機能領域において世界規模のオペレーションを統合するマネジメントとを意味する場合もあります（Ball & McCulloch, 1999）。

(2) 多国籍企業（Multination Corporation：MNC）とは

多国籍企業という用語は，企業の海外進出が盛んになった1960年代から使用され始めました。その定義には，単に世界で事業展開をしている企業を指しているような企業や，国連による定義，あるいは雑誌**フォーチュン500**などによる定義，もしくは研究者による定義など多くの考え方があります。

表4-1 多国籍企業の上位リスト「FORTUNE Global 500」2018

	企業名	分野	国籍	売上高
1	ウォルマート	小売	アメリカ	500,343
2	国家電網（ステートグリッド）	電力配送	中国	348,903
3	中国石油化工集団（シノペック）	石油	中国	326,953
4	中国石油天然気集団	石油	中国	326,008
5	ロイヤル・ダッチ・シェル	石油	オランダ	311,870
6	トヨタ自動車	自動車	日本	265,172
7	フォルクスワーゲン	自動車	ドイツ	260,028
8	BP	石油	イギリス	244,582
9	エクソンモービル	石油	アメリカ	244,363
10	バークシャー・ハサウェイ	投資，保険	アメリカ	242,137
11	Apple	コンピュータ	アメリカ	229,234
12	サムスン電子	電機	韓国	211,940
13	マッケソン	ヘルスケア	アメリカ	208,357
14	グレンコア	商品取引	スイス	205,476
15	ユナイテッドヘルス・グループ	ヘルスケア	アメリカ	201,159
16	ダイムラー	自動車	ドイツ	185,235
17	CVSヘルス	薬局・ヘルスケア	アメリカ	184,765
18	Amazon.com	インターネットサービス	アメリカ	177,866
19	エクソールグループ	投資	オランダ	161,677
20	AT&T	通信	アメリカ	160,546

（出所）'Fortune Global 500, 2018' (http://fortune.com/global500/list/)（2019年2月22日）

国連の定義 (1974) では，多国籍企業を Transnational Corporation と呼び，「本拠のある国以外で生産またはサービスの設備を所有もしくは支配している企業」と定義していますが，「必ずしも会社形態すなわち私企業である必要はなく，それが協同組合，国有企業の場合もあり得る。」としています。
　一方，ハーバード大学・多国籍企業研究グループによる定義 (1973) では，1960年代のアメリカ系多国籍企業を調査し，雑誌「フォーチュン」誌の 500 にリストされたアメリカの鉱工業上位 500 社に含まれる，出資比率が 25％以上の海外子会社を 6 カ国以上所有し，年間 4 億ドル以上に達する企業」と規定しています。

(3) 企業活動における国際展開の論理

　企業が国際化・グローバル化へのプロセスを説明する理論としては，古くはリカードの比較生産費説に遡ることができますが，これは完全競争下における 2 国間での 2 つの商品におけることが前提条件となっているため，今日の多国籍企業による海外直接投資を説明することはできません。このような貿易論の考え方を補足し，今日の多国籍企業による海外直接投資についての代表的な考え方としては，多国籍企業による国際化・グローバル化を説明した **R. バーノン** (Vernon, Raymond) による **IPLC** (International Product Life Cycle) や，彼のモデルを利用して多国籍企業の国際化やグローバル化の展開を明確にした**ウェルズ** (Wells, L. T. Jr.) や**ダニング** (Dunning, J. H.) の **OLI パラダイム**がよく知られています。

1) バーノンの IPLC モデル

　IPLC は，企業が生産する製品の寿命を表現し，製品戦略がどのような段階を経て行われていくかを明らかにした代表的なモデルです。このモデルは，製品にも寿命があり，新製品が導入されてから，成長，成熟といった安定的な売上の状態を経て，やがて衰退し市場から消えていく様を表現したものです。縦軸は生産高 (消費高)，横軸は製品ライフサイクルの各段階として導入期，成熟期，標準化期を示しています (Vernon, 1971=1973：71-81)。
　導入期とは，アメリカを基準とする先進国の技術集約型産業が新製品を開発したと想定し，国内市場にその製品を導入することにより独占的な利益を享受

することが可能な時期です。この段階では，先進国内において類似品や競合品は存在していないため，製品は差別化された状態にあり高利潤と市場拡大が可能となります。

やがて，競合企業が類似製品を市場に導入することになるため，先進国における国内市場での競争が激しくなります。その結果，国内市場では製品差別化による市場の優位性を失うため，一層の顧客の獲得を目指そうと販売促進や広告などプロモーションに力を入れることとなります。そして，単一製品の生産・販売からマーケティング活動を重視して，ターゲットを絞り込み複数製品の製造や販売が始まり，顧客獲得競争に一層の努力が必要となります。その後，国内市場において供給が需要を上回るようになると，急激に製品の販売が落ち込むことから，余剰分を海外輸出に回すことにより海外市場での利潤を求めるようになります。

成熟期に入ったアメリカでは，海外輸出によって製品の売上が伸びてくると，輸出国の政府が国内産業保護の立場から輸入障壁を設けたり，輸出国の企業による模倣製品の生産や販売が始められるようになります。その結果，これまで輸出により利益を確保していたアメリカ企業は，輸出から製品の現地生産体制へと移行します。そして，製品は，国際市場で対応するように標準化され，進出国での競争に勝利をおさめるようにさまざまな努力がなされることになります。

標準化期の段階は，IPLCの成熟期に相当する時期ですが，進出先の国々において進出した国内企業との競争が激化してくる段階です。いっぽう，アメリカの国内市場では，製品は消費が生産を下回り生産コストが高騰することから，直接投資を行っている進出国から製品の逆輸入を行うようになります。この時期になると，アメリカ市場におけるこのタイプの製品はすでに成熟期を過ぎて衰退期に入った製品に位置づけられるため，需要が極めて少なく，そのほとんどは逆輸入でまかなうようになります。

つまりIPLCとは，先進国企業の（バーノンが説明する場合はアメリカ）開発する新製品が，どのような過程を経て国際製品へと移行していくかを表すものです。そして，企業の発展段階にともない，それぞれ国内段階，輸出段階，国際段階を経て，最終的にグローバル段階へと移行することを示しています。

しかし，このIPLCモデルはパックス・アメリカーナを背景とした1950年

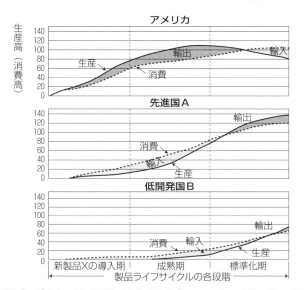

図4-2 国際プロダクト・ライフサイクル IPLC (International Product Life Cycle)

(出所) Raymond Vernon, International Investment and International Trade, Quarterly Journal of Economics, May, 1996, p. 199

代から60年代にかけてのアメリカ企業の多国籍化過程を表す場合には有効でしたが，それ以降の欧州や日本の多国籍企業の新製品の発展段階の過程を説明するのには有効ではないとして批判されることも多くなってきました。そこで，彼自身も近年ではIPLCモデルの有用性について限定的，選別的有効性を説くに至っています。

2) ダニングのOLIパラダイム

ダニング (Dunning, J. H.) のOLIパラダイムは，企業が海外生産へと移行する理由や直接投資を説明するのに有用な考え方のひとつとして知られています (Dunning, 1981)。それは，企業の海外進出において現地企業と比較して有形・無形資産の保有による優位性の程度，そして所有の優位が存在する場合に優位性を自らが使用することの優位性を企業が判断する場合の基準，またどこに海外進出をするのがもっとも優位性を引き出すことができるかという立地優位の

問いに答えたものです。

　国際市場における企業の所有優位を確立するためには，内部化優位を確保することという点に着目し，立地優位の探求や検証が必要になるという立場から折衷理論を考案したといえます。そして，その展開には経済や社会の複雑化にともなう多くの要素や理論を取り入れる必要性を認識したうえで所有特殊的優位，立地特殊的優位，内部化インセンティブという3つの優位性の組み合わせによって市場参入が決定されることを唱えました。

　所有特殊的優位 (ownership specific advantages) とは，他社が所有していない技術力，ノウハウ，知識，技術開発能力，規模の経済性（メリット）などの特殊な無形資産を有することによる優位性を挙げています。また，**立地特殊的優位** (location specific advantages) とは，進出先の立地において，他の地域と比較して優位性を有しており，誘致政策や関税・非関税などの参入障壁条件，あるいは原材料や資材などを優位に確保することができる条件，各種のインフラ・ストラクチャーの整備などの生産条件，あるいは進出国市場の成長性，所得水準や発展段階などの市場条件が相当します。そして，**内部化インセンティブ** (internalization incentives) とは，優良な取引先を確保するため，あるいは交渉や契約にともなう費用など，いわゆる限界費用を超える限界収益を確保できるという優位性を指しています。

　ダニングは，上記に挙げた3つの条件が揃ったとき始めて直接投資がなされることを指摘しました。そのいっぽうで3つのうち立地の優位性が存在しないと判断したときには，自社の優位性を自国内で活用するために製品輸出を選択したほうがよいことを論じました。たとえ，所有特殊的優位が存在しても他の2つの部分で優勢が見られない場合には，契約などのライセンスを取得することを通して資源移転を選択するべきだと指摘しました。

　ダニングは，この3つの優位性はお互いに独立したものではなく，相互に関係しあいながらさまざまな環境の変化によって影響を受ける場合もある点についても論じました。後になって，さらに彼は直接投資を天然資源型，市場探求型，効率探求型，戦略的資産探求型，貿易・通商型，支援サービス型という6つに分類して，それぞれにOLIパラダイムを当てはめることにより，タイプごとに直接投資の要因を表しました (Dunning, 1993)。

このOLIパラダイムは，所有の優位性を企業における海外直接投資の前提条件としていましたが，アリメイダらによって，必ずしも所有の優位性を前提としない企業も海外直接投資を展開しているという指摘がなされました。そのため，海外拠点を軸として競争優位を構築するという見方がグローバリゼーションを構築する理由のひとつとして考えられています（Almeida et al., 2002）。

3 グローバル経営における環境要因―マクロ環境

グローバル市場へ参入する際には，国内市場と異なる環境要因が存在するため，海外へ進出した企業を取り巻く環境要因について注意する必要があります。それらは，企業にとって統制不可能な要因とされている経済，政治，法律，文化的要因などのマクロ環境と，統制可能な企業内環境とその中間とされるタスク環境を合わせたミクロ環境に大別することができます。ミクロ環境はマクロ環境と対比して使用され，個々の企業の経営行動に則した社会環境や経済環境を分析することです。具体的な環境要素は，企業に直接影響を与える供給業者，競争業者，流通チャネル，金融業者などの外部支援機関などのタスク環境と企業目標，企業文化，トップマネジメント，購買，財務，生産，人事など企業の他部門などから構成される企業内環境に分けることができます。

本節では，加藤勇夫（1982：253-260）の整理によって，マクロ環境にしぼってみていきます。

(1) 経済的要因

経済的要因とは，国内総生産（GDP）もしくは国民総生産（GNP），経済成長率，インフレ率，失業率，産業構造，輸出構造，就業構造，外貨準備，国際収支，対外債務負担，財政収支構造，所得分布，労働賃金などさまざまなものが相当します。それにくわえて，経済活動の基盤となる鉄道，道路，空港，港湾などの施設，あるいは労働慣行，進出国市場における競争構造や消費構造，また進出国のインフラ・ストラクチャーなども要因として挙げることができます。これらの要因を分析し，進出国の経済成長率や国民の購買力などなどを考慮し

ながら基礎的なデータとして活用することが可能となります。

(2) 政治・法律・制度的要因

　政治的要因とは，進出国の経済政策・制度や法律と関係が深いもので，進出先の政府や政権の安定性，政治体制，政府の産業・財政金融・通貨・通商政策や将来的な国家計画や展望などが相当します。これらの要因は，政治・経済や社会環境の変化にともない，新たな法律や規則として制定される場合もあります。

　法的規制とは，進出国の国内企業と同様に進出企業にも適用される民法や商法のような法律や，外資法や出資比率，投資分野の制限，ローカルコンテンツ，土地取得制限，現地人雇用・登用義務のように海外に進出した企業を対象として適用される法律もあります。このように，企業が海外進出をする場合には，本国と進出国の双方の法律が適用されることになるため十分に留意しておく必要があります。

　近年では市場のグローバル化が進み，国際条約・法規などが締結されるいっぽうで，国際的に取引を制限する法律や，国家や地域間で協定（自由貿易協定，共同市場，関税・経済同盟，経済統合など地域統合体制）が結ばれるなど，反グローバリズムやリージョナリズムも台頭してきています。

　たとえば，EUのように単一通貨ユーロを発足させ，ヒト・モノ・サービス・資本などの自由移動を基本とした強固な経済統合，あるいはアメリカ，カナダ，メキシコ間でのNAFTAのような自由貿易協定の締結，またアジア諸国のASEAN，APECのような太平洋諸国の経済協力，さらにTPP（Trans Pacific Partnership，環太平洋戦略的経済連携協定）による自由貿易圏の策定，またアメリカと韓国の2か国間のFTAなど，それぞれさまざまな問題を抱えながらも経済の地域統合がアジア・米・ヨーロッパ大陸の3極体制を中心に拡大しています。

　自由貿易を促すための国際的な機関としては，第2次世界大戦後の1948年に自由・無差別・多角的貿易を目的にして設立されたGATT（General Agreement on Tariffs Trade，関税及び貿易に関する一般協定）があります。第1回の会議から第7回のウルグアイ・ラウンドに至るまで，参加国は，関税引き下げ処置，輸入制限の撤廃，非関税障壁の軽減，最恵国待遇の保持，農産物問題などを主体として貿易のルール作りを進めてきました（通産省編，1992：226）。

しかし，第1次・第2次オイルショックの後には，世界的な不況を背景にしてGATTの規則では禁止項目とされていなかった非関税措置が各国の裁量により維持されている例が多くみられるようになってきました。また，EC（欧州共同体）などの地域内貿易協定が増加してきたこともあり明確な貿易ルールを示す必要性が生じてきました。そもそも，GATTでは物品の貿易を対象としたルール作りが行われてきましたが，貿易に関する国際的紛争の増加や第3次産業（サービス産業）における比重の増加，知的所有権の問題など，これまで予測していなかった分野においても何らかのルールを策定する必要が生じてきました（吉原編著，2002：43-47）。その結果，GATT体制を強化する目的で，協定ではなく，機関として1995年に**WTO（世界貿易機関）**が設立されました。そして，国際機関のひとつとして認められたWTOのもとでモノと同様にサービス貿易，知的所有権，貿易政策審査制度や複数国間貿易協定など国家間における紛争解決への取り組みが始まっています。

(3) 文化的要因

　企業が海外展開を行ううえで，国ごとに異なる社会的習慣や文化についても企業を取り巻く外部環境のひとつとして十分に考慮するべきです。そもそも文化とは，人々がある特定社会の一員として所有し思考し行動するすべてのことを指しています（自由国民社，2003：190-195）。人間は，誕生してから必然的に風土・慣習・習慣・価値観・審美観などをはじめとして文化そのものが社会・経済や人間形成のうえで規範となるため，その国の人々の生活に密接に結びついていると思われます。たとえば，意思決定における人間のもつ**自己集団準拠枠基準**（SRC：Self Reference Criterion）は，意思決定や物事の判断時において無意識のうちに自分自身の文化的価値観，経験則，知識に準拠して判断してしまうことから注意が必要です（カトーラ＆キーベニー，1989：23-24）。こうした文化・社会的概念に影響力を与える要因としては言語，美的感覚，教育，食習慣，社会集団，宗教，家族関係等が大きく関係することになるため，グローバル企業の担当者は自国や担当者自身のもつSRC概念を基に進出国で企業経営を展開するのではなく，進出国の文化的要因を常に考慮したうえで企業経営を展開する必要があります。

文化は個人のレベルにとどまらず，企業文化の次元においても各国固有の文化による影響があります。とくに戦後の日本企業は日本的経営のもとで，意思決定などにおいても常に集団主義的な性格が指摘されてきました。したがって，日本企業では常に根回しが必要であり，下部組織から上部組織まで計画から実行までの期間も欧米のトップダウン方式の経営スタイルと比較して時間を要する場合も多いとされています。また，権限移譲に対しても本国と進出国間で適切なコミュニケーションがとられ現地従業員が満足しているかどうかなども文化が背景となる要因の一つとして考えられます（吉原，2002：53）。

(4) 自然環境的要因

世界的な環境保護に対する意識が高まるなかで，海外進出を展開する企業においても経済環境とともに地球の自然環境にも注目する必要性が出てきました。

世界的に温暖化やフロンの問題など地球環境の深刻化が叫ばれることによって環境問題に対する意識が高まっており，20世紀型社会の大量生産・大量消費・大量廃棄型社会から循環型社会へと人々の関心も移行し始めています。そうした状況のもとで，環境問題を議論するさまざまなサミットが行われ，国連を中心としてさまざまな議定書が発行されており，海洋汚染の防止，有害廃棄物の越境移動に関する規制など，国際的枠組みのもとでさまざまな地球環境保全への取り組みが始まりました（長岡，2002：46-54）。

こうした経済・社会背景のなかで，世界的に事業展開を行うグローバル企業は，環境対応型の組織構造や経営行動への転換を余儀なくされており，環境に配慮した経営への取り組みが迫られています。グローバル企業の役割は，利益主導型の経済的な結びつきだけではなく，社会的な側面とも大きく関係しており，それらは相互に結びついているため経済的責任はもちろんのこと，企業市民としての責任も重要視されることとなり，環境マネジメントシステムの構築，エネルギー管理，環境にやさしい製品開発，環境情報の開示，環境教育など地球環境を意識した経営が一層要求されることになっています。

4 グローバル市場への参入形態と経営組織

　海外市場への参入形態は，大きく輸出，ライセンス契約，海外直接投資に分類されますが，参入方式を決定する際に影響を与える要因は進出国の環境要因と自社要因に大別することができます。具体的には，進出国の人口構成や市場規模，市場の成長率，進出国のカントリーリスク度，進出国政府の規制・法律，インフラ・ストラクチャー，競合環境などの環境要因と自社資源・資産・能力からなる自社の経営状況，地域特性，マーケティング戦略などさまざまな要因によって決定されます。

　日本企業を例にとってみると，1960年代からの海外輸出からはじまり，そして，1970年代からの貿易摩擦を回避するための第三国を通しての輸出やノックダウン生産による海外輸出，その後1980年代半ばのプラザ合意以降における円高による直接投資のはじまりというように，一般的な参入形態は海外市場への関与の度合いが深まるにつれて輸出から海外生産へと変化していきました（吉原，2002：36-40）。

　しかしながら，発展途上国の急速な経済発展や情報社会の進展により近年では，そのあり方も大きく変化しています。また，参入形態の分類方法にも，輸出，ターンキー・プロジェクト，ライセンシング，フランチャイジング，合弁，完全所有子会社に分類したりするものなど，さまざまな解釈の仕方があります（Hill, 2001）。ここでは代表的な参入形態について，それぞれの特徴や特性を説明するとともに企業の進化過程において組織形態がどのように変化するかという点にも着目して説明しましょう。

(1) 輸出

　企業の海外市場への関与が一番低いものは輸出であり，本国で製造した製品を輸出するか，もしくは第三国で製造した製品を輸出することです。この形態には，間接輸出と直接輸出がありますが，そのなかでも企業自らが積極的に行う能動的な輸出と他の業社や商社からの引き合いによる受動的な輸出のタイプに分類できます。

間接輸出には，商社を通して外国市場に販売を行う方法，海外のディストリビューターや業社（買い付け機関）を通じて販売を行う方法，そして海外の企業のもつ流通ネットワークを利用するピギーパックと呼ばれる三通りのタイプに分類できます（小田部・ヘルセン，2001：178）。
　商社を通して輸出を行う方法は，日本企業がそれほど海外市場に対して精通していない企業にとって極めて有用な方法でした。言語や文化・習慣などをはじめとして，製品や流通などマーケティングにかかわる問題などノウハウを蓄積していない企業にとって，商社の有する知識，ノウハウ，ネットワークを活用することは，製造に専念すれば良いことなど，さまざまなメリットがありました。また，外国の業社を通して販売する場合も同様であり，現地市場における文化，習慣，競争状況などの統制不可能となる要因を把握していることや，その国のさまざまなノウハウを所有していることから本国企業にとって負担を軽減する方法のひとつでした。
　そのため，輸出段階では本国企業が輸出のために事業部や販売部などの組織を設立することは少なく，数少ない担当者がその状況に応じて輸出事項に対応する組織体制をもっていました。
　輸出量が拡大し，海外市場における取引が拡大してくると，商社を利用せずに，本国企業が，自ら現地子会社，販売会社，販売代理店，特約店などを活用し自社の関与を強めるようになってきました。その方法としては，直接輸出を選択する方法と商社の利用を継続しながら企業自らが海外市場の開拓を目指して輸出活動を始めるような2つの方法が考えられます。直接輸出を選択した場合には，国内の販売部門のなかに輸出業務全般を取り扱う輸出部を設立し，為替手形，信用状，通関手続，国際輸送，海上保険などについての処理業務や海外向け製品の出荷，決済なども直接行わなければならないため社内のなかに貿易業務を行う事業部が必要になります。さらに，将来的に現地の販売会社を運営するための資金や人材の確保など多くの労力が必要となるため，海外取引の窓口ともいうべき輸出部，貿易部などの部門が設立されることになります。
　この段階では，現実には輸出部や貿易部はその大半の業務が商社との取引が中心であるため，本来の国際的な取引に関係する部門とは程遠い段階といえます。そして，ある程度輸出が軌道に乗ってくると自社製品の拡大や企業成長を

目指すために販売会社や現地支店を開設するなど能動的な輸出展開をはじめる企業も出てきますが，進出国での販売のための流通チャネルを作り上げるのは莫大なコストや時間がかかります。そのため，コスト削減の観点から現地企業の流通ネットワークを活用し利用する共同輸出という形態をとる企業も出てきます。

　さらに，輸出を担っていた輸出部を国内販売事業部の一部門から独立させて組織上の制約から解放することにより，輸出業務に特化した部門を設立する企業や，輸出部が輸出業務を効率的かつ効果的に実施するために海外の主要地域に海外事務所や子会社などを設立する企業もみられるようになります。以上のように，輸出を企業の発展における重要な課題として位置づけ，現地市場に子会社を設立する理由は，以下の要因が考えられます。

① 現地国（進出国）政府の輸入量制限や規制による国内産業保護政策への対応
② 現地国（進出国）の国際収支の改善や雇用機会の創出を増やす現地国への貢献を示すことにより製品輸出の拡大による貿易摩擦を回避する目的
③ 顧客の近くで販売することによるマーケティング戦略におけるメリットの享受

　この段階は，企業にとって将来の市場拡大を目指して生産体制を確立することや，マーケティング戦略を優位に展開するための準備段階と考えることができるでしょう。そのため現地市場の状況（競争状況，物価など）や消費者動向（消費者ニーズ・ライバル企業）などの情報を収集し，海外市場における自社の地位を確固たるものとするために取引の強化に努めるようになります。

　しかしこの時期の現地市場における主な経営活動はすべて現地国市場（進出国）の海外事務所に任せる場合が多く，本国企業との連絡や調整は本国企業の海外輸出部の担当者が出張という形式で現地に出向くことが多いと指摘されています（熊田，2000：95-98）。

(2) ライセンス契約

　海外輸出によって自社製品の販売数量が一定量に達すると，企業は進出国市場とのかかわりを深めるために，現地生産の可能性を模索し始めることになり

ます。しかし，現地生産体制に移行するためには進出国市場における外部環境要因を探るために多くの資金や人的資源が必要となります。

そのリスクを低減するひとつの方法としてライセンス契約があります。ライセンス契約とは企業（ライセンサー）がある一定の期間を定めて海外の企業（ライセンシー）に対し，製造技術の指導，マーケティングノウハウの提供，商標・デザインの使用を認めるかわりに使用料などを受け取るものです。その契約内容には，**製造委託契約，フランチャイズ契約，マネジメント契約**などがあります。企業にとって現地経営に慣れていない企業でもグローバル市場へ自社ブランド製品を投入できること，貿易摩擦をはじめとする現地市場でのトラブルを回避しやすいこと，現地情報の探索にかかる資金投入量が少なくて済むことができるなどのメリットがあります。

しかし，現地市場と接触する機会が多いとはいえ，間接的でわずかな情報のみしか手に入らないこともあります。ときには，ライセンシーとの間で契約上のトラブルが生じたりすることもあります。また，ライセンス契約を結んだ海外企業の状況や戦略を深い部分まで把握できないことから，契約当初はうまくいっていても年数が経つうちにお互いの意思疎通ができなくなるケースが発生するなど，本国企業が希望する戦略の展開が困難になるなどのデメリットもあります。

①**製造委託契約**　経営活動のすべてをライセンシーに任せて運営する方法，製造だけをライセンシーに委託する方法，原材料を支給し製造加工だけを委託する3つの方法に分類できます。この契約方式の短所は，時間の経過とともにライセンシーが製造技術やノウハウを習得し自ら生産・販売を行うために契約の解除を申し出てライセンサーの競合相手となる可能性が出てくるケースや，ライセンサーが直接投資を行うようになった場合に元々のライセンシー企業との間でトラブルが発生するケースもみられます（堀出，1985：54-55）。

②**フランチャイズ契約**　コンビニエンス・ストア，ファミリーレストラン，塾，ホテルなど幅広い分野で行われており，日本国内のチェーン数は約1260チェーンもあり（日本フランチャイズチェーン協会，2012），日本でも良く知られている契約方法です。この契約方法は，事業者であるフランチャイザーが，フランチャイジーと呼ばれる個人や企業に対して契約に基づいて，期間や地域を

限定して事業を運営する権利を与えるものです。フランチャイザーは，経営のノウハウや知識をもたないフランチャイジーに対して経営管理全体について指導責任をもちます。そのいっぽうで，フランチャイジーは，土地や店舗などの資金を負担するだけで店舗や組織を運営できるようになります。

フランチャイザーにとっては，現地の消費者に対して直接アプローチをする手間を省くことができること，経営面での多くの時間や資金を節約できること，自社ブランドで素早く市場拡大を図ることなどのメリットがあります。しかし，近年では当初の契約内容通りに利益を確保することができないフランチャイジーが出るなど，フランチャイザーとフランチャイジー間で訴訟の問題に発展したり，契約の見直しなどのトラブルが発生したりするケースもみられます。

③**マネジメント契約**　　経営の知識・経験・技術を所有するにもかかわらず，自社の資金や設備が不足している場合に，資金や設備は豊富であるが経営ノウハウをもたない企業と契約を結ぶ方法です。契約当初は，事業経営のノウハウを提供したり，経営診断などのバックアップをすることにより，相互協力のもとで事業が拡大し，双方が友好関係をもち事業展開が営まれる場合が多いですが，契約に基づき事業を展開する企業が，時間の経過とともに経営ノウハウを習得するようになると，自らが単独で事業を展開する動きがでるなど契約が破棄される場合も多くなります（田内・堀出，1994：76-77）。

(3) 直接投資

次の段階では，海外現地法人として販売子会社を設立し自社ですべての海外取引を行う直接投資の段階に移行します。そして海外に設立された現地子会社は，本国から輸入した製品の販売を行うだけではなく，販売後のアフターサービス，現地市場の動向や情報の収集，販売促進活動や広告など経営活動をより深めていくこととなります。

販売子会社を設立した当初は，現地組織に対して大幅な権限と責任が与えられ自律的な子会社として運営されます。そのため，本社からの制約は受けることは稀であり，本社と子会社間の連絡・調整は輸出部の担当者による子会社への出張などで済ませることになります。

しかし販売子会社の規模や地域が拡大するにつれて，海外駐在員として本社

から担当者を駐在させ，現地企業の統制を図るようになったり，グループ全体として経営効率を図る目的のため各子会社の活動を統制するようになります。

さらに企業活動が進化してくると，販売目的から製造部門も加えた製造子会社を設立するようになります。そして最終的には，自社で工場を建設し，製造から販売に至るまですべての企業活動を行うようになります。

企業によっては，直接投資に対するリスクに対する慎重さや相手国政府の海外企業に対する法律などから合弁事業の設立や企業買収などの方法で直接投資を行う場合もあります。

1) 合弁事業

ライセンス契約の発展型とも考えられるこの方式は，**ジョイントベンチャー** (joint venture) と呼ばれ，共同出資者としてのパートナーと合弁で企業を設立する方法です。このような方法で直接投資を行う背景としては，①進出先の政府が外国の企業に対して法的な規制や圧力をかけるケース，②進出先の政府とパートナーとの密接な関係があるケース，③現地市場における競争が激しく，自社単独で直接投資をするよりも合弁形態のほうが多くのメリットがあるケース，④経営資源に余裕が無いケースなどさまざまな理由が考えられます。合弁先のパートナーと相互に信頼関係を築き上げるためには，パートナーとなる相手企業の国の文化，社会習慣などをはじめとして消費行動，製品や広告などのマーケティング，さらには相手国の経営管理方式など本国と異なる経営環境や外部環境にも十分に配慮する必要があります（田内・堀出，1994：78-80）。

2) 企業買収

Merger & Acquisition の略語である **M&A（企業買収）**は，合弁，買収の双方を意味する用語ですが，一般的に特定企業のもつ資産や営業権の一部，もしくは全部を取得し経営権を手に入れる方法とされています。この方式のメリットは，起業から成長，拡大という企業の進化過程を経ずに，直接経営ノウハウを獲得し事業経営に携わることや新規事業分野への参入，企業の多角化，拡大戦略が素早く手に入るという点です。その一方で，デメリットとしては，日本では企業買収というイメージは好いものといえず企業イメージ低下や企業風土

の悪化を招いたりすることや，買収したものの相手先企業の収支状況の改善が見られず重荷になることや，買収した企業の従業員の扱いなどにも十分に配慮する必要があることです。日本では，バブル期に欧米の企業を買収するケースが多く見られましたが，近年では外資系企業が日本企業を買収するケースが多く見られるなど，M＆Aの動きも活発化しています（田内・堀出，1994：81-85）。

3）戦略同盟

　海外展開を行う企業において，相互の弱点を補完するなどお互いに利益を確保することや戦略的に重要な目標を達成するために，2社あるいはそれ以上の企業が提携を結ぶことを戦略同盟（Alliance）と呼んでいます。この形態は2社間の単なるライセンシングやジョイントベンチャーや研究開発の共同事業体，さらには複数の企業間の弱点を相互に補完する目的で行われており，その目的は以下の通りです（小田部・ヘルセン，2001：196-197）。

① 自社の優位性を保つための防衛手段
② リーダーの地位にない企業同士が協力関係を築くことにより巻き返しを図るための手段
③ 企業における特定事業単位において生き残るための手段
④ リーダーの地位にない企業が，事業の生き残りを図る手段として活用し業界の再編成を試みる目的で行われる手段

　戦略的同盟が知られるようになったものに，世界のメジャー航空会社が提携関係を結んでグループ化した**アライアンス（alliance）** と呼ばれるものがあります。これは，各航空会社間で包括提携を結び，共同運航やコードシェア，スルーチェックイン，マイレージプログラム，優等クラスのラウンジ，予約システム，オフィスの共用など多岐にわたる提携を行っています。こうした包括的な提携が地球的規模で実現したものがグローバル・アライアンスであり，スターアライアンス，ワン・ワールド，スカイチームの3つの世界的な提携グループが誕生しています。最大の加盟航空会社数を誇るスターアライアンスは，全日空，ユナイテッド航空，アシアナ航空，ルフトハンザドイツ航空，ニュージーランド航空などが加盟しており，ワン・ワールドでは日本航空，キャセイパシフィック航空，フィンランド航空，カンタス航空が，またスカイチームにはデルタ

航空，大韓航空，エールフランス，KLMオランダ航空などが加盟しており，戦略提携を結ぶことにより生き残りを図っています。

4）自営企業

　海外へ進出しようとしている企業が100％出資の完全所有子会社を設立し，海外市場へ参入する方法です。この方法のメリットは，経営方針の徹底，人事権の掌握，マーケティング戦略など生産から販売までのヒト・モノ・カネといったすべての企業活動を自社で展開することが可能になることです。そして，海外市場における事業展開が軌道に乗れば，本国への逆輸入や第三国への輸出のような事業展開が広がることとなります。さらに，海外進出国が増えれば，部品や製品を補完しあったりすることになり，適材適所といわれるようなグローバルな展開が可能になります。

　この方法は多くのメリットをもつ一方で，経営活動のすべてを自社で行うことになるため，投資コストも他の参入形態と比較して膨大となります。したがって，この方法で海外市場へ参入する場合には現地市場からの急な撤退は困難になることから現地視察などを含めた市場調査やフィージビリティスタディを十分に検討し，事業の成否を十分に見定める必要があります（竹田，1994：48）。

　このように企業の海外進出は，自社の資本力・経営風土・製品特性・マーケティング戦略・意思決定などさまざまな要因をもとにして決定されます。この場合には，海外市場への関与の度合いとリスクは比例し大きくなることを考慮し，海外戦略は判断されなければならないでしょう。

【考えてみよう】

1．企業がグローバル化を進める目的や要因について考えてみよう。
2．グローバル市場へ参入する際の国内市場と異なる環境要因を考えてみよう。
3．グローバル市場への参入形態（輸出，ライセンス契約，直接投資）のそれぞれについて整理してみよう。

◆ 参考文献

Almeida, P., Song, J. and R. M. Grant (2002) 'Are firms superior to alliances and markets? An empirical test of cross-border knowledge buildings.' *Organizations Science*, 13 (2).
Ball, D. and W. McCulloch (1999) *International Business*. Boston, MA: Irwin/McGraw-Hill.
Bartlett, C. and S. Ghoshal (1989) "Managing Across Borders: Transnational Solution." Harvard Business Press, Boston, MA. (吉原英樹監訳 (1998)『地球市場時代の企業戦略』日本経済新聞社)
Dunning, J. (1993) *Multinational Enterprises and the Global Economy*. Workingham, England: Addison-Wesley.
Dunning, J. (1981) *International Production and the Multinational Enterprise*. London: Allen and Unwin.
Hill, C. (2001) *International Business*. Boston, MA : Irwin, McGraw-Hill.
Root, F. R. (1982) *Foreign Market Entry Strategy*. AMACOM. (桑名義晴訳『海外市場戦略』HBJ出版局)
Vernon, R. (1971) *Sovereignty at Bay*, Basic. (霍見芳浩訳 (1973)『多国籍企業の新展開』ダイヤモンド社)
Wells, L.T. (1968) "A Product Life Cycle for International Trade?", *Journal of Marketing*, Vol. 32 No. 3.
浅川和宏 (2003)『グローバル経営入門』日本経済新聞社
アドラー, N. J., 江夏健一・桑名義晴監訳 (1992)『異文化組織のマネジメント』マグロウヒル出版
阿部真也 (2009)『シリーズ・現代経済学⑧流通情報革命―リアルとバーチャルの多元市場』ミネルヴァ書房
安室健一 (1979)『国際経営行動論』森山書店
池本清・上野明・安室健一編著 (1981)『日本企業の多国籍展開』有斐閣
植木英雄 (1982)『国際経営移転論』文眞堂
大矢野栄治 (1996)『国際経済の考え方』中央経済社
小田部正明・ヘルセン, C. (2001)『グローバルビジネス戦略』同文舘
加護野忠男・野中郁次郎・榊原清則・奥村昭博編 (1983)『日米企業の経営比較』日本経済新聞社
加藤勇夫 (1982)『マーケティングアプローチ論』白桃書房
加藤勇夫・寳多國弘・尾碕眞編著 (2006)『現代のマーケティング論』ナカニシヤ出版
カトーラ, P. R.・S. キーベニー, 角松正雄監訳 (1989)『マーケティングの国際化』文眞堂

熊田喜三男 (2000)『国際マーケティング戦略』学文社
経済産業省「WTO 新ラウンド」(http://www.meti.go.jp/policy/trade_policy/wto/round/index.html)
黄磷 (2003)『新興市場戦略論』千倉書房
小田部正明・ヘルセン，C. (2001)『グローバルビジネス戦略』同文舘
佐々木直人 (1982)『経営国際化の論理』日本経済新聞社
佐藤憲正編著 (2005)『21世紀経営学シリーズ 9　国際経営論』学文社
自由国民社 (2003)『現代用語の基礎知識』自由国民社
田内幸一・堀出一郎編著 (1994)『国際マーケティング』中央経済社
竹田志郎編 (1994)『国際経営論』中央経済社，1994 年
通産省編 (1992)『通商白書　平成 4 年版』
長岡正編 (2002)『環境経営論の構築　朝日大学産業情報研究所叢書 6』成文堂
中村久人 (2006)『グローバル経営の理論と構造』同文舘出版
(社団法人) 日本フランチャイズチェーン協会 (2012)「2011 年度「JFA フランチャイズチェーン統計調査」報告」
根本孝編著 (2004)『グローカル経営』同文舘出版
バックレー，P. J.・M. Z. ブルーク編，江夏健一訳 (1993)『国際ビジネス研究』文眞堂
ヒーナン，D. A.・H.V. パールミュッター，江夏健一・奥村皓一監訳 (1990)『グローバル組織開発』文眞堂
フェアウェザー，J.，戸田忠一訳 (1975)『国際経営論』ダイヤモンド社
堀出一郎 (1985)『実戦国際マーケティング』日本経済新聞社
村山洋介 (2006)「銀行取引約定書ひな型廃止後の銀行取引約定書改訂動向 (1)」『鹿児島大学法学論集』41 巻 1 号
村山洋介 (2007)「銀行取引約定書ひな型廃止後の銀行取引約定書改訂動向 (2・完)」『鹿児島大学法学論集』41 巻 2 号
吉原秀樹 (1979)『多国籍経営論』白桃書房
吉原英樹編著 (2002)『国際経営論への招待』有斐閣

Part I　企業と産業

現代の理想的企業像
ステイクホルダーと企業の社会的責任

第5章

　企業活動がグローバル化しているなかで，企業の意思決定は，地域的な経済だけでなく，国際経済にも影響を与えます。企業活動の結果として生み出される商品や製品は，私たちのくらしに直接的に関係があり，また，企業活動によって生じる環境問題も私たちの生活環境に影響を及ぼします。このように，国際経済から私たちの身近な暮らしにまで影響力をもつ企業ですが，最近は，企業の不祥事や事故が頻発し，企業の責任を問う市民の声や報道が後を絶ちません。その一方で，環境問題や消費者問題に積極的に取り組み，社会貢献にも力をいれる企業も増えてきています。

　本章では，現代社会において大きな影響力をもつ企業が，どういった理念や目的のもとに意思決定を行い，どのような企業活動を行っていくべきかについて考察していきます。そのためには，まず，利害関係者として企業に影響を及ぼす組織や集団と，その関係を理解することが必要とされます。そして，現代の企業に求められている役割を考えることによって，企業のあるべき姿が浮かび上がってくることでしょう。

キーワード
　ステイクホルダー，アカウンタビリティ（会計責任），情報開示，情報の非対称性，グリーンコンシューマー，企業の社会的責任（CSR），トリプルボトムライン，持続可能性（サステナビリティ），統合報告書，コンプライアンス

1 企業とステイクホルダー

(1) ステイクホルダーの概念

　ステイクホルダー（stakeholder）の「stake」は、「利害，利害関係」という意味をもつため，ステイクホルダーも一般的には「利害関係をもつもの＝**利害関係者**」と定義されます。このステイクホルダーの概念は，R.エドワード・フリーマン（Freeman, R. E.）によれば，1963年にアメリカのスタンフォード研究所の内部資料として初めて使われ，その後，彼自身がその著書のなかで，ステイクホルダーについて「ある組織の目標達成に影響を及ぼすか，もしくはそれによって影響を受ける集団または個人」と定義しています（Freeman, 1984）。

　しかしながら，ステイクホルダーを「利害関係者」として定義した場合，「利害関係者」は「interested group」として位置づけられ，現在何らかの利害関係をもつものとして定義されますが，ステイクホルダーの概念はより広範であり，これから企業と何らかの利害関係をもつ可能性のある潜在的利害関係者や，その利害関係の浅い人々までも含む概念であるとの見解もあります。たとえば，これから新たに株式投資を行おうと考えている人たちは，潜在的な株主であり，これらの人たちも企業と将来何らかの利害関係をもつ可能性のあるステイクホルダーとしてとらえられます。また，同様に，製品の購入を検討中の消費者も将来企業と利害関係をもつ可能性のあるステイクホルダーであるといえます。こうしたステイクホルダーを具体的にあげてみましょう。

　①**株主**　　株式会社の所有者であり，投資に対して配当及び株価の上昇といった形で利益の還元をうけます。また，株主総会における議決権の行使を通じて，経営活動に対して影響を及ぼします。こうした株主と経営者の関係は資金の委託者と受託者の関係であり，経営者は，株主の最大利益に合致するよう経営活動を行う責任を負うとともに（**受託責任**），経営活動に関して適正な情報開示を行う責任があります（**会計責任**）。

　②**債権者・金融機関**　　企業の発行する社債を購入したり，貸付を行うことによって，企業に資金を提供し，利息という形で対価を受け取ります。利率は

あらかじめ契約によって決められているので，企業の経営成績よりも，財政状態に関心があり，支払能力をあらわす安全性を重視する傾向にあります[1]。

③**消費者・顧客**　食品や家電製品・自動車メーカーなどの顧客であれば，購入した製品の成分や安全性に関心が高く，一方，銀行や保険会社などの顧客であれば，経営破綻の影響を大きく受けますので，企業の財政状態や経営成績に関心をもっています。いずれにせよ，企業の売上を決定する直接的なステイクホルダーであるため，企業は消費者・顧客の動向を注視せねばなりません。

④**取引先・サプライヤー**　企業間での取引の多くは掛取引や手形取引で行われるため，取引先からの支払いが滞れば自らの企業の経営に大きく影響します。ときには経営成績は良好で利益が計上できているのに，資金繰りが悪くなり黒字倒産ということも起こりえます[2]。また，製造業や流通業では，仕入コストは利益の大きな決定要因となりますので，経営成績に直接的に影響するステイクホルダーであるといえます。

⑤**従業員・労働組合**　経営の中心的要素であるヒト・モノ・カネのうちヒト（労働力）を提供するステイクホルダーであり，対価として賃金・報酬を受け取ります。労働者は労働組合を通じて，自らの労働にみあった賃金と企業利益を反映した報酬を要求します。これらは人件費となって企業利益に大きく影響してきます。

⑥**政府・地方自治体**　企業は政府や地方自治体の整備した道路・港湾など

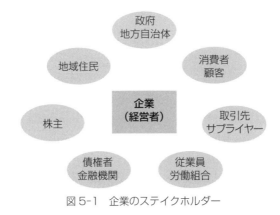

図5-1　企業のステイクホルダー

のインフラを利用する一方で，法人税・事業税・住民税といった税金を納付します。企業業績によって政府や地方自治体には税収がもたらされることになります。また，補助金や税制を通じて，政府は企業行動に影響を与えますし，地方自治体は工業団地を造成するなどして企業誘致を図ることもあります。

⑦**地域住民**　企業活動と直接的な利害関係はないように見えますが，騒音・振動・水質汚染・大気汚染など環境問題や交通渋滞となって影響をうけます。したがって，企業活動の安全性に関心があり，企業の環境活動にも着目しています。一方，雇用や地域振興などで企業活動の恩恵をうける立場でもあります。

(2) 利害調整と情報提供
1) ステイクホルダー間での利害対立

企業を中心として多様に存在するステイクホルダーは，それぞれが自己の利益を確保しようとするため，企業に期待する企業行動も異なります。ステイクホルダーとして紹介した地域住民は企業に対して環境への負荷の少ない安全性の高い企業行動を求めるでしょうし，消費者であれば同じく安全性や品質が高く，低価格での製品提供を可能にする企業行動を期待します。一方で，株主や債権者は自己の経済的利益を高めることができるような企業行動を求めますが，企業利益の還元となると，こうしたステイクホルダー間でも意見が対立します。たとえば，経営者が自らの成果を反映した報酬を求める一方で，労働組合はより多くの従業員への給料・賞与を要求するでしょう。また，株主は配当という形で企業利益の還元を求める一方で，債権者は支払能力を重視するため企業利益の社内留保を高めるよう要求するでしょう。このように，企業と個々のステイクホルダー間での利害関係だけでなく，ステイクホルダー間でも利害が対立する場合もあります。以下では企業の活動に不可欠な資金を提供している点で企業ととくに強力な利害関係を有している株主と債権者を例にとって，経営者・株主・債権者の間の利害対立とその調整についてみてみましょう。

まず，株主は経営者に資金を提供する委託者であり，経営者は株主から資金の提供を受けた受託者です。受託者たる経営者は，株主の最大利益に合致するよう経営活動を行う受託責任があり，経営者は，株主に対して会計報告を行う

べき責任があります（**会計責任＝アカウンタビリティ**）。株主と経営者は利益の分配をめぐって利害が対立する可能性があるため，株主総会において，経営者が自らの経営活動の結果を，会計情報をまとめた形で会計報告し，株主の承認を得ることによって，会計責任を履行し，受託責任が解除されることになります。こうして株主と経営者の利害関係が調整されることになるのですが，経営者のなかには，自らの企業の大株主になっている経営者もいて，こうした場合では，大株主たる経営者は必ずしも株主の最大利益に合致するような経営活動を行うとはかぎらず，経営業務を執行する株主とその他の一般株主との利害も対立することになります。

また，株主と債権者については，株主は株主総会での議決権行使を通じて経営上の意思決定に参加できるだけでなく，企業の業績が好調な場合には，多額の配当金や社内留保額の持分を取得する一方，企業倒産時でも自己の出資額を限度とした有限責任で足ります。それに比べて債権者は，経営意思決定には参加せず，利息はあらかじめ契約によって上限が固定されており，また企業倒産時に元金が回収できないというリスクも背負っています。こうしてみると，企業利益を配当として社外流出させようとする株主と，企業の支払い能力を維持し，安全性を高めるために社内留保を高めさせようとする債権者では，債権者が不利な立場に置かれることになります。つまり，株主によって企業の存続を危うくするような多額の現金配当を決議すれば債権者は権利を著しく害されることになるのです。こうした点に鑑み，会社法ではその461条によって配当を制限することで債権者保護をはかっています。

2) ステイクホルダーへの情報提供

企業に期待する行動が異なる多様なステイクホルダーは，企業の動向に強い関心をもつとともに，企業活動に関する情報も必要としています。しかしながら，多様なステイクホルダーが存在しているわけですから，それぞれが企業活動に関する情報を必要とする動機やその種類も異なります。たとえば，従業員や労働組合は，労働の対価として企業利益を反映した形での報酬を要求するために，企業利益に関する情報を必要とするでしょう。また，消費者・顧客であれば，製品の安全性に対しての関心が高いため，製品の成分や生産地などの製

品情報を必要とします。同じ顧客であっても金融機関や保険会社の顧客であれば、自らの預金や投資信託または積立てた保険料がどのように運用されているかに関心が高く、また破綻の恐れがないかなどにも興味を示すため、企業の財政状態や経営成績に関する情報を必要とします。このように、異なるステイクホルダーによって情報を必要とする動機やその種類が異なるため、企業はステイクホルダーの要求するニーズを満たすような情報提供を行わなくてはなりません。

　企業がステイクホルダーに十分な情報提供を行っていないと、その結果として市場の崩壊を招く例として、アカロフ（Akerlof, G. A.）は「レモン市場」を挙げています。「レモン」とは買ってみるまで品質の良し悪しが消費者にはわからないことから不良品・粗悪品を意味する俗語であり、中古車のように購入して使用してみないと品質がわからない商品の市場は「レモン市場」と呼ばれています。2001年にノーベル経済学賞を受賞したアカロフは、1970年に「レモンの市場（品質の不確実性と市場メカニズム）」を発表し、そのなかで中古車市場を例にあげ、市場への情報提供が不十分であると市場が崩壊してしまうことを説明しています。たとえば、中古車を販売する市場のなかに、故障車や事故車などの程度の悪い中古車と、良質な中古車が混在している場合を考えてみましょう。買い手側にはどれが良質であり、どれが粗悪品であるかわからず、購入した中古車が粗悪品である可能性があるため、粗悪品並みの価格の中古車しか購入しなくなります。一方、売り手側は、せっかく良質な中古車を市場で売ろうとしても、粗悪品と同程度の価格でしか売れないため、良質な中古車を市場に提供しなくなります。こうした結果、その中古車市場は粗悪品ばかりになってしまうというわけです。

　しかしながら、この場合であっても、買い手側に対して市場の商品の情報が十分に提供されていて、その情報が信頼できるものであれば、良質な商品は品質にみあった価格で販売することができます。つまり、本来、市場に提供される商品の情報は売り手側しか知りえない情報であり、買い手側はこうした情報をもっていません（**情報の非対称性**）。しかしながら、売り手側のもっている情報を、信頼される形で買い手側に対しても提供することによって、市場は活発化し、健全に機能するというわけです。

第5章　現代の理想的企業像　99

表5-1　東芝グループのステイクホルダー

主なステークホルダーと東芝グループの主な責任

主なステークホルダー			東芝グループの主な責任
お客様		電子デバイス，社会インフラなど幅広い商品群を抱えている東芝グループのお客様は，個人，法人のお客様，官公庁など多岐にわたります。	・製品の安定供給 ・安全，安心で価値ある製品，サービスの提供 ・環境調和型製品，サービスの提供 ・製品情報の適切な提供 ・お客様への適切な対応，サポート ・お客様情報の適切な管理 ・ユニバーサルデザインの推進
株主・投資家		株主総数は約30万人。発行済株式総数は約65.2億株。主な所有者別持ち株比率は，金融機関9.2％，個人・その他が16.0％，外国人（法人含む）が72.2％となっています。(2018年3月末)	・適時，適切な情報の開示 ・利益の適正な還元 ・企業価値の維持，増大 ・社会的責任投資（SRI）への対応
調達取引先		継続的に取引している調達取引先は国内外約4,600社です。(2018年3月末)	・調達取引先の公平な選定と取引 ・サプライチェーンにおける人権への配慮 ・サプライチェーンにおける環境への配慮
従業員		東芝の連結子会社は389社。従業員数は約14万人で国内約9万人，海外約5万人です。(2018年3月末)	・公正な評価，処遇 ・人権，多様性の尊重 ・人材の活用と育成 ・多様な働き方の支援 ・就業の能力の維持，向上 ・労働安全衛生と健康への配慮
地域社会		東芝グループは，世界30カ国以上に主要な事業場を置いています。それぞれの地域の文化や歴史，慣習を尊重しながら活動を行っています。	・地域の文化や慣習の尊重 ・地域社会への貢献活動 ・事業場での事故，災害防止
政府・自治体		東芝グループは世界各国で事業を展開。各国の政府・自治体は，製品を納入するお客様でもあります。	・法令の遵守，税金の納付 ・社会的問題の改善，解決のための政策への協力
NPO・NGO		環境・人権・社会貢献など幅広い分野のNPO・NGOと積極的に対話し，相互の得意分野を活かしたパートナーシップを築いています。	・世界的諸問題の解決に向けた協働，支援 ・地域の社会的問題の解決に向けた協働，支援 ・社会的貢献活動の重点分野における協働
地域環境		地球環境と調和した企業活動を推進しています。	・地球温暖化の防止 ・廃棄物発生の抑制 ・化学物質の排出規制 ・生物多様性の保全

（出所）「東芝グループCSRレポート2018」より作成

こうした市場への情報提供が不可欠であるということは，これを証券市場にあてはめてみるとよくわかります。企業は経営活動に必要な資金を調達するために，証券市場で株式を発行し，投資家からの投資を募ります。投資家は十分に信頼できる情報をもとに，投資意思決定を行い，投資対象企業を選定します。したがって，証券市場において信頼できる企業情報が提供されていなければ，投資家は証券市場で安心して株式を売買できなくなりますし，企業も資金調達が不可能になります。こうした証券市場における情報提供機能を果たしているものが企業の**会計報告**であり，提供される企業の会計情報に信頼性を付与しているものが**監査制度**です。株式会社の発展により，株主の多数化・散在化が進展し，会計報告は，経営者の受託責任の遂行状況の評価だけでなく，投資意思決定のための情報提供機能がいっそう重要視されるようになっています。

(3) 企業環境の変化と新たなステイクホルダー
1) 環境意識の高いステイクホルダー

企業をとりまく状況が大きく変化し，環境に配慮した企業行動が企業経営における不可欠の要素となって活発化するなかで，こうした環境に関する自らの企業行動を**環境情報**としてステイクホルダーに情報提供する企業が増加しています[3]。その開示実態は，**環境報告書**を用いて外部利害関係者に環境情報開示を行うものがほとんどですが，その内容は単なる環境汚染物質の排出量を物量的情報として記載しているだけのものから，**環境会計**を導入して自らの環境活動の費用と効果を貨幣的情報として記載しているものまでさまざまです。また，環境情報開示の対象を内部利害関係者とし，環境情報を経営管理のツールとして活用している企業もあります。

このように企業が自らの環境に関する活動を環境情報として開示する傾向が強まった背景には，企業の環境情報開示に注目するステイクホルダーの存在があるといえます。つまり，従来の企業会計の枠組みでのステイクホルダーは，企業の財政状態や経営成績といった財務情報に関心をもっていましたが，企業の環境活動が活発化しつつあるなかで，株主や消費者といったステイクホルダーもその意思決定のための情報として，企業の環境活動を視野に入れ始めたのです。

現代の企業の環境活動とステイクホルダーの関係について，たとえば消費者を例にとって考えてみましょう。従来までは消費者の購買決定のための主な要因は品質と価格であったため，企業は消費者のニーズにあった製品を開発し，低価格の製品や高品質の製品を提供することで企業の市場での競争力を高めていました。しかしながら，こうした企業と消費者の関係に加えて，新たに企業の環境活動も視野に入れる消費者が現れるようになったのです。これが**グリーンコンシューマー**と呼ばれる消費者です。グリーンコンシューマーは，製品を購入する際に，価格や品質だけでなく，環境に配慮した製品を選んで購入する消費者であり，製品の価格が多少高くても，またその使用の際に多少不便であっても，環境にやさしい製品を購入しようとします。したがって，企業は，自社の製品がいかに環境に配慮した製品であるかという情報を付加しなくてはならなくなってきているのです。こうした生活全般の行動基準に環境配慮意識をもつ人々は，1980年代に欧米で盛んになったグリーンコンシューマーリズムと呼ばれる消費者運動をきっかけにして生まれ，現在ではその影響力は無視できないほどに増大しています。

　企業にとっての消費者は，個人などの最終消費者だけでなく，他の企業や政府・自治体も製品の購入者である場合も少なくありません。こうした企業や政府・自治体においても，新たに企業の環境活動に着目するステイクホルダーが現れ，原材料の調達や製品購入の際に，環境に配慮した製品を選んで購入しようとする**グリーン調達**もしくは**グリーン購入**が行われるようになってきています。このようなグリーンコンシューマーやグリーン調達・グリーン購入の存在は，企業側からみれば，環境に配慮していることが製品の差別化や市場での競争力を高めることにつながり，**グリーンマーケティング**が効果的になるといえます。そのため，より一層こうした環境に配慮した企業行動が製品情報に付加されるようになってきているのです。

　こうした企業をとりまく状況の変化により，企業は自社製品の市場での優位性を高めるために，環境活動に積極的にならざるをえませんが，消費者以外のステイクホルダーとの関係も忘れてはなりません。企業にとって，とくに株式会社であれば，そのステイクホルダーとして重要な存在は株主などの投資者であるといえます。この投資者においても，新たに企業の環境活動に着目するス

テイクホルダーが現れており，これは**グリーンインベスター**と呼ばれています。グリーンインベスターは，企業への投資行動において，財政状態や経営成績といった財務情報だけを重視するのではなく，企業の環境情報も考慮に入れる投資者であり，こうした投資行動は，企業の社会的・倫理的な側面を考慮に入れる**ソーシャルインベストメント（社会的投資）**の一領域として位置づけられています。

その他にも，現代企業の環境活動とステイクホルダーとの関係について考えるならば，地域住民についても新たに考え直す必要があるでしょう。地域住民は本来，企業の収益性とは直接関係のない外延的ステイクホルダーであり，環境汚染の被害を受けやすい存在で，賠償問題なども複雑化しやすいため，企業は地域住民に対して慎重に配慮した姿勢が求められます。しかしながら，企業の直面する環境問題は，従来は公害問題のように個別的・地域的な問題でしたが，近年は地球温暖化や酸性雨といった地球規模での環境問題に発展しているという現実があります。つまり，企業の環境活動は，以前は企業の所在する地域の限定的な環境問題にのみ，その対策が施されていたのですが，環境問題が地球規模となっている現代では，よりグローバルな視点に立った積極的な姿勢での環境活動が望まれます。そういった意味では，従来の地域住民という視点

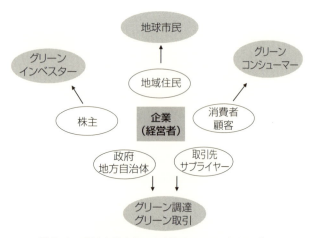

図5-2　環境意識をもった新たなステイクホルダー

で利害関係をとらえることは不可能であり，広く「**地球市民**」という視点で利害関係をとらえなくてはならなくなってきているのです。

あなたもステイクホルダー？　グリーンコンシューマー？

　これまで述べてきたように，企業には多様なステイクホルダーが存在しています。あなたも消費者として企業と利害関係をもつステイクホルダーの一人でしょう。では，あなたは環境にやさしい製品を選んで購入するグリーンコンシューマーでしょうか。最近では，消費電力の少ないエコ家電やハイブリッドエンジン・プラグイン電動自動車のような温室効果ガスの排出の少ない自動車の売上が好調です。こうした「**環境にやさしい製品**」を購入する消費者の購入理由は「環境にやさしい」からでしょうか。

　また，最近ではスーパーマーケットなどで買い物をする際に，レジ袋を利用せずエコバッグを持参して買い物をする人たちが増えています。こうした人たちは「環境にやさしい」という理由でエコバッグを利用しているのでしょうか。

　たしかに，エコ家電やエコカーを買ったり，エコバッグを利用したりする人たちのなかには環境に対する意識が高い人たちも多くいるでしょう。しかしながら，これほどまでに「環境にやさしい製品」が売上好調で，エコバッグが普及した背景には，「環境に優しい製品」が実は経済的であるという理由があります。エコ家電は消費電力が少なく電気代が節約でき，エコカーは燃費が良いのでガソリン代を節約できます。また，スーパーマーケットではレジ袋が有料化されたことによりエコバッグ持参で費用が節約できます。

　このように，企業努力によって「環境に優しい＝経済的」という製品が作られることによって，私たちの購買理由は「経済的」のままであるにもかかわらず，消費行動が「環境にやさしい」となっているのです。他にもこうした例は，シャンプーや洗剤は詰替用のほうが安く，かつゴミを削減できることなどもあります。ステイクホルダーによって企業行動が変化するのと同様に，企業行動によってステイクホルダーも変容しており，企業とそのステイクホルダーは互いに大きく影響しあっているのです。

たとえば，企業の排出する環境汚染物質が，地球温暖化や酸性雨といった地球規模での環境汚染に関連するなら，地球温暖化で水没してしまう可能性がある地域や酸性雨の被害地域の住民は，その企業からは地理的に離れていたとしても，その企業と利害関係をもったステイクホルダーであるといえます。このように，環境問題の地球規模での拡大は，企業のステイクホルダーによりいっそうの広がりをもたらしているといえるのです。

2)「もの言う株主」の登場

本来，株主には経営に問題があるとすれば売却するという選択肢があり，経営者が株主の意思を反映した経営を行っていない場合，株主が持ち株を売却することによって株価が下落し，経営者は責任をとらざるをえなくなります。しかしながら，実際には，株主は多数に存在し散在化していますから，各々の株主が共同して行動することは困難であるとともに，持ち株の少ない株主が売却しても株価への影響は大きくありません。したがって，株主の意向を反映していない経営者に対しては，株主総会で意見表明し，経営者の交代を求めたり，経営活動に意見したりするという選択肢がとられます[4]。とくに，日本ではこれまで複数の企業同士が互いの株式の一部を持ち合い，互いに相手の経営に口出しをしない「もの言わない株主（サイレント・パートナー）」となることで安定株主工作を図ってきました。しかしながら，1990年代には日本の証券市場における外国人株主の占める割合が急速に増大し，株主総会で経営者交代や株主重視の経営活動を求める動きが日本にもあらわれてきました。その結果として，経営者に対して株主総会等において経営改善のための提案を行ったり，役員派遣などを通じて経営に積極的に関わったりしようとする「**もの言う株主**」の存在感が日本でも増してきています。とくにこうした外国人株主のなかには，優良な企業の資産に目をつけて敵対的買収をしかけ，経営陣の刷新を迫ったり，企業を売却することによって利益をあげたりしようとする外資ファンドなどもあります[5]。こうした敵対的買収に対しては，経営者側が自社株を購入する**マネジメント・バイアウト（MBO）**を利用して対抗したり，これまで日本ではあまり導入されてこなかった**企業防衛策**を導入したりする企業や，株式の上場を取りやめる企業もあらわれています。

2 企業の社会的責任とあるべき姿

(1) 企業の社会的責任 (Corporate Social Responsibility)

　前節までに述べてきたように，企業には多様なステイクホルダーが存在しており，企業はこうしたステイクホルダーに対して情報提供や利害調整を行って積極的に関与していく責任があります。こうした広範に存在するステイクホルダーに対する責任は，「**企業の社会的責任（CSR）**」と呼ばれています。企業の社会的責任（CSR）については，日本では1940～50年代に「経営者の社会的責任」として登場し，経営学研究者らによる問題提起がなされてきました。その後，1970年代には公害問題に端を発して，広く使われるようになってきました。しかしながら，この頃は，社会の一員として公害などを発生させないようにする責任があり，企業利益のために社会に迷惑をかけないといった意味あいであり，とくに公害問題などの環境問題では，問題の発生源としての企業の責任に注目が集まっていました。さらに1990年代からは，「企業倫理」や「社会貢献」といった意味あいが加わり，2000年代になって，企業の社会的責任（CSR）について国際的標準化の動きも見られています。しかしながら，その一方で，日本経団連は，2004年にCSRに関する提言「企業の社会的責任（CSR）推進にあたっての基本的考え方」を公表し，企業の社会的責任（CSR）の規格化には反対であることを明確にし，企業が自主的に取り組むべきものである，という主張を打ち出しています。

　こうしてみてみると，企業の社会的責任（CSR）には，明確な定義はなく，時代の流れとともに，その時代の社会的要請を反映したかたちで定義づけされてきたことがわかります。2000年代に入ってからは，「経済」「社会」「環境」という3つの視点をもって企業の社会的責任（CSR）が定義づけされている点が特徴的です。これは，企業が営利追求を目的とした組織であり，従来から利益を重視した経済性で評価されてきた一方で，企業の環境活動や環境に対する影響評価といった「環境性」，そして企業の社会的貢献や企業倫理といった「社会性」を加えて，企業の社会的責任（CSR）をとらえるといったものです。こうした，「経済・社会・環境」の3つの側面からとらえた考え方は，1997年に

イギリスのサステナビリティ社のジョン・エルキントンが提唱したもので，決算書の最終行（ボトムライン）で企業利益を表示しているように，社会面・環境面もあわせた**トリプルボトムライン**で企業活動を評価すべきであるというものです。

(2) 持続可能性（サステナビリティ）

　企業活動を評価するうえで，経済・社会・環境といったトリプルボトムラインの考え方がとり入れられるようになると，それにともない企業の経営姿勢も変化せざるをえなくなります。つまり，個々の企業の利益追求のみの経営姿勢ではなく，環境に配慮した企業行動によって地球環境との共生を図り，さらに自らの企業と社会全体との**持続可能な発展**を目指すという経営姿勢に変化しなければならないのです。

　こうした企業と社会全体との発展において，**持続可能性（サステナビリティ）**を意識した考え方は，1972年に国際人間環境会議で「Sustainable Development（持続可能な発展）」という言葉が使われたことに由来します。本来は，地球環境保護の視点から，持続可能な社会や自然環境を目指した言葉ですが，企業の社会的責任（CSR）という意味においても，サステナビリティへの取り組みに高い関心が集まっています。企業は持続可能な社会に貢献するために，経済面だけでなく，環境面，社会面もあわせたトリプルボトムラインを意識した経営姿勢で，社会全体とともに発展していくことが期待されているのです。

　こうした企業への期待に応える経営活動のひとつとして，国内でも，サステナビリティレポートを発行する企業が増えました。このサステナビリティレポートは持続可能性報告とも呼ばれ，これまでの環境報告書に社会面も取り入れて，経済・社会・環境の側面から企業活動についてまとめた報告書です。この持続可能性報告書（サステナビリティレポート）に関しては，国際的機関である**GRI**（Global Reporting Initiative）がそのガイドラインをまとめています。GRIは，世界の環境報告書に取り組む団体や個人に呼びかけ，全世界で適用可能な持続可能性報告のガイドラインの策定とその普及を使命として組織されました[6]。GRIは，1999年に「持続可能性ガイドライン（公開草案）」を発表し，続いて2000年には「経済的・環境的・社会的パフォーマンスを報告する持続可能性

報告のガイドライン」を発表しました。その後，2002年にはこれを改訂して「GRI2002」を発表しました。このGRIガイドラインでは，報告される情報に必要とされる主な定性的特性を示しており，それらは，目的適合性，信頼性，明瞭性，比較可能性，適時性，検証可能性であるとしています。また，GRIガイドラインでは，前提とする原則も提示し，報告書に記載されるべき内容を詳細に列挙しています[7]。GRIは，その後も改訂を重ね，2016年には，共通スタンダード，経済項目，環境項目，社会項目で構成される「GRIスタンダード」を発表しました。このGRIガイドラインは，世界の環境報告書や安全報告書など持続可能性報告に関する議論をしてきたトップレベルの専門家がリードしており，実際に，環境特化型の環境報告書からGRIガイドラインに沿った「持続可能性報告書（サステナビリティレポート）」の作成に移行する企業が増加しました[8]。また，多くの企業は，法令によって強制される財務情報と，環境やCSRに関する非財務情報を別々に開示してきたことから，これらを簡潔に示す報告書が期待され，財務情報と，環境や社会への配慮，ガバナンスや中長期的な戦略などの非財務情報をまとめた「**統合報告書**」を発行する企業が増えてきています。

(3) コンプライアンス

企業の社会的責任（CSR）については，公害問題のような社会に対する企業の責任を求める声がその始まりでしたが，これとは異なり企業の不祥事を契機として普及したものがコンプライアンスです。これは，**企業の法令遵守**として定義され，法令違反などによる企業の不祥事を背景として，企業に徹底した法令遵守を迫り，それによる安全性の高い，健全な経営活動を求めるものです。

コンプライアンスという言葉が広く普及した原因の一つに，食品関連企業の衛生管理の不徹底や，法令違反などによる食中毒事件があります。一般の消費者を広く巻き込んだ食品関連事件の発生によって，企業の法令に対する経営姿勢に関心が集まったのです[9]。とくにそのなかでも2000年に発生した雪印乳業による低脂肪乳食中毒事件では，被害者数が1万人を超えるとともに，事故対応の遅れなどの企業の危機管理体制についても指摘される結果となりました。こうした社会的事件となった食品関連事件では，食中毒事故などの際の衛生管

表 5-2　雪印メグミルクグループ行動規範

雪印メグミルクグループ行動規範

私たち，雪印メグミルクグループは，社会に対して果していくべき自らの責任を自覚し，社会とともに成長していくことができるように，以下の通り行動いたします。

❶ 私たちを取りまく全ての人たちの気持ちを大切にし，誰からも信頼されるように行動します。
❷ 品質管理を徹底し，安全で良質な商品・サービスを提供します。
❸ コンプライアンスを徹底し，公正で透明性のある企業活動を行います。
❹ 会社の財産および情報の保全・管理を徹底するとともに，第三者の権利を尊重します。
❺ 企業活動を通じて，社会貢献と環境保全に取り組みます。
❻ 自由と革新にあふれた企業風土を構築し，安全で働きがいのある職場環境をつくります。

(出所)「雪印メグミルクレポート　2018」より抜粋

理などの原因究明に加えて，製品回収や補償などといった事故対応の不備なども指摘され，また，意図的な法令違反である偽装事件などでも企業内の管理体制が問われることになりました。

　こうした企業不祥事の背景には，食品の安全性といった何よりも優先されるべき事項を疎かにし，採算性を考慮した利益重視の結果として衛生管理が犠牲にされたり，故意に表示を偽装したりするなどの法令違反があります。利益重視の結果として法令違反をおかし，それが事件となって露呈した場合には，過去の事例からも企業の存続さえも危うくすることは明らかなのですが，経営者があまりにも短期的な利益を求め，それが企業内に浸透した結果，目先の利益にとらわれ，安全性や法令遵守意識が置き去りにされてしまうといったことが起こっているのです。企業不祥事については，食品関連企業だけでなく，日本の製造業を代表するような大企業においても発生しています。2017年には，日産自動車での検査不正，神戸製鋼での品質データ改ざんが露呈し，製品の安全性や企業への信頼性が著しく揺らぐこととなりました。また，2015年には東芝，2017年には富士ゼロックスでの不正会計・不適切会計が判明し，企業の開示する財務情報への信頼性が損なわれることとなりました。

　以上のような事件を踏まえて，広く社会的にも企業にコンプライアンスが強く求められるようになるとともに，企業側も自らのコンプライアンスに対する考え方を表明するようになってきました。過去の事例からも違法行為を容認し

てきた企業は社会から厳しく非難され，重大な損失を受けるだけでなく，社会的信用を失い，企業自体が消滅してしまう危険性を企業自身が自覚するようになってきたわけです。企業には，短期的利益にとらわれることのない，コンプライアンスを意識した経営こそが，消費者や社会の信頼を獲得することにつながり，それが長期的には大きな利益をもたらすという自覚が必要とされます。そしてこうした理念が経営姿勢に浸透し，コンプライアンスを意識した経営行動規範を企業が積極的に公開することが，あるべき姿として望まれます。

【考えてみよう】

1. ステイクホルダーの具体例を挙げ，それぞれが企業とどのような利害関係があるかまとめてみよう。
2. 自分がどんな企業のどういったステイクホルダーであるか考え，具体的にどのような利害関係があるか考えてみよう。
3. CSR報告書やサステナビリティ報告書を取り寄せたり，ダウンロードしたりして，CSRへの取り組みの個別事例を調べてみよう。
4. これまでにあった企業の不祥事とその際の対応を調べ，どういった点でコンプライアンスの意識が欠けていたのかを考えてみよう。

● 注

（1） 企業の経営成績は，財務諸表のうちの損益計算書で表され，これは一会計期間の費用と収益を表示しています。この損益計算書を中心に，企業がどれくらい効率的に利益をあげることができたかという収益性を分析することができ，株主などの投資家は投資対象企業の収益性に関心が高い傾向があります。一方，企業の財政状態は，財務諸表のうちの貸借対照表で表され，これは決算日時点の資産・負債・純資産を表示しています。この貸借対照表からは，企業の支払い能力を分析することができるため，貸付を行った企業の安全性に関心のある金融機関などの債権者は，貸借対照表から企業の財政状態を知る必要があります。

（2） 企業の損益計算書では利益が計上されているのに，資金繰りが悪くなり，支払不能となって倒産してしまう場合があり，これは黒字倒産と呼ばれています。

企業間取引の多くは現金で決済されることは少なく，その多くは掛取引や手形取引といった後払いですから，十分な資金の余裕がないと，回収できる資金より支払わなくてはならない代金のほうが多くなれば黒字倒産してしまいます。したがって，こうした企業の資金繰りの状態を表すキャッシュ・フロー計算書が作ら

れます。

（3）　企業の環境情報開示の普及については，環境省が1991年度から継続して行っているアンケート調査「環境にやさしい企業行動調査」によって詳細にその実態を知ることができます。

　　これは，環境省が，企業の環境保全に向けた取り組みを継続的に把握し，それを普及させていくことを目的として行っているアンケート調査で，調査対象は従業員500人以上の上場企業および非上場企業で，2016年度調査では4,174社にアンケート調査を行い，1,674社から有効回答を得ています。これによれば，「環境に対するデータ，取組等の情報を公開していますか」という問いに対しては，上場企業の67.7％，非上場企業の38.9％が，「一般に公開している」と回答しています。環境情報の公開が上場企業を中心に着実に普及していることがわかります。

（4）　本来，株主は経営者の経営行動に不満がある場合，その企業の株式を市場で売却するという選択肢をとることもできます。この場合，株式の売却によって株主の不満は解消され，株主の意思は，市場を通じて経営者に株価の下落という間接的な形で伝えられるという考え方があり，これはウォールストリート・ルールと呼ばれています。しかしながら，アメリカでは1960年代以降，安易な株式の売却によって売却損を被る可能性もあり，それよりは積極的に株主総会を通じて意見表明しようとする動きが現れ，それによって「もの言う株主」の行動が顕著になってきました。

（5）　こうした企業の敵対的買収事例は，外資系ファンドのスティール・パートナーズによる，明星食品やブルドッグソースなど日本企業の買収例などがありますが，それら以外にも国内企業による敵対的買収事例も有名です。とくに，村上ファンドによる阪神電鉄の買収や，ホリエモンこと堀江貴文率いるライブドアによるニッポン放送買収では，社会的な事件として広く知れわたり，「企業はだれのものか」「企業はだれのためにあるのか」といった議論が沸き起こりました。

（6）　GRIの参加メンバーは，UNEPの他，サステナビリティ社，イギリス会計士勅許協会，カナダ勅許会計士協会などであり，日本からはグリーンリポーティング・フォーラム，環境監査研究会が参加しています。

（7）　GRIは次のような原則をあげています。
　　①報告主体の原則：合弁企業や子会社などをどう扱うかなど，報告を行う組織の境界線が明確に定義されていること。
　　②報告範囲の原則：経済・環境・社会のうちどの範囲をカバーしているか，また，今後カバーする予定の範囲を明確にすること。
　　③報告期間の原則：報告可能な影響，出来事や活動は，できるだけそれが発生した報告期間において開示されること。
　　④継続企業（ゴーイング・コンサーン）の原則：報告主体が予測可能な将来にわ

たって活動を継続するものであること。
　⑤保守主義の原則：財務会計における保守主義の原則と同様であり，とくに製品のライフサイクル全体を考えるにあたり，上流・下流の環境対策の成果などを主張する時に，慎重に算定するという例があげられる。
　⑥重要性の原則：報告を行う組織やその利害関係者にとって重要なものかどうかということを吟味すること。
（8）　前述の環境省のアンケート調査「環境にやさしい企業行動調査」によれば，注（3）の環境情報開示の状況に関するアンケート（Q：貴組織では，環境やCSRに関するデータ，取組等の情報を公開していますか）について，「①一般に公開している」「②特定の取引先，金融機関等一部を対象として情報を公開している」と回答した企業のなかで，環境報告書・CSR報告書・持続可能性報告書を作成している企業は表5-3のとおりであり，多くの企業が環境報告書・CSR報告書・持続可能性報告書を作成していることがわかります。

表5-3　環境報告書・CSR報告書・持続可能性報告書の作成状況

貴組織では環境報告書を作成・公表していますか。1つ選んで選択肢の番号に○を付けて下さい。

①環境報告書を作成・公表している
②CSR報告書，持続可能性報告書等の一部として作成している
③環境報告書を来年（度）は作成・公表予定である
④CSR報告書，持続可能性報告書等の一部として来年（度）は作成・公表予定である
⑤作成していない

【2016年度】　　　　　　　　　　　　　　　　　　　（単位：％）

	①	②	③	④	⑤
上場企業	30.7	50.7	0.3	0.6	17.7
非上場企業	31.7	33.9	1.3	0.7	32.0

（出所）環境省「環境にやさしい企業行動調査」

（9）　2000年に発生した雪印乳業の低脂肪乳食中毒事件の他にも，2002年に発覚した雪印食品による食肉表示偽装事件，2008年の食肉卸小売業「丸明」による飛騨牛の偽装表示事件，2007年の伊勢の老舗「赤福」による食品消費期限偽装表示事件などがあります。また，2011年に発生した焼肉チェーン店での腸管出血性大腸菌O-157による集団食中毒事件では，衛生管理に問題があったとされ，これを契機として生肉の提供や生レバーの提供に問題が生じています。

◆ 参考文献
・Akerlof, G. (1970) "The Market for Lemons: Quality Uncertainty and the Market

Mechanism," *Quarterly Journal of Economics,* 84, 488-500.
・Freeman, R. E.（1984）*Strategic Management : A Stakeholder Approach*, University of California, Berkeley.
・國部克彦・伊坪徳宏・水口剛（2007）『環境経営・会計』有斐閣アルマ
・櫻井克彦編著（2006）『現代経営学―経営学研究の新潮流―』税務経理協会
・日本経済団体連合会自然保護協会編（2008）『環境 CSR 宣言　企業と NGO』同文舘出版
・松野宏・堀越芳昭・合力知工（2006）『「企業の社会的責任論」の形成と展開』ミネルヴァ書房

Part II 経済と社会

日本経済のプロフィール

第6章

　経済をマクロ経済学の手法を用いて概観していき，経済を理解していくための基礎知識を習得していくことや，本書を読み進めていくうえで必要だと思われる，マクロ経済学の基礎知識を学ぶことが本章のねらいです。
　経済学には，生活しているなかでの経済の動きをとらえるため，必要な用語がたくさんあります。その用語を知り，内容を理解することによって，世間に惑わされることなく，生活することが可能になるでしょう。戦後からの日本経済を概観するのは第8章に譲ることにして，ここ20年位の日本経済の歴史とともに，マクロ経済学の基礎を学んでいきましょう。

キーワード

　マクロ経済学，ミクロ経済学，経済成長率，付加価値，GDP，失業率，摩擦的失業，自発的失業，非自発的失業，完全雇用，物価，国際収支，経常収支，資本収支，株価，日経平均株価，外国為替レート，GDPの三面等価，インフレーション，デフレーション，消費者物価指数，企業物価指数，バブル

1 経済の動きをとらえるために

　本章では、日本経済のプロフィールを簡単に紹介しながら、経済の動きをとらえるために必要となる「経済学」の知識を学んでいきましょう。経済学を学ぶ目的は、簡単にいってしまえば、世間に惑わされることなく、自分の頭で経済現象について考え、理解することができる能力を身につけること、となるでしょうか。

　経済学は表6-1のように伝統的に「**ミクロ経済学**」と「**マクロ経済学**」の2つの分野に分かれています。個々の市場（たとえば、労働市場や米の市場など）の需要や供給について分析するのがミクロ経済学で、経済を構成している主体である**家計**（消費者）や**企業**（生産者）の基本的な行動原理を分析します。これに対して、景気の動き、物価、経済政策（**政府**）、国際収支（**海外**）、経済成長など、（ある国の）経済全体の動きについて分析するのがマクロ経済学です。

表6-1　マクロ経済学とミクロ経済学の違い

	マクロ経済学	ミクロ経済学
対象	1国の全体的な経済活動	個別経済主体の活動
経済主体	家計 企業 政府 海外	個別家計 個別企業
変数	GDP、物価水準、失業率、国際収支など1国全体の経済活動に関する変数	ある財の価格、ある財の生産量など、個々の財・サービスの経済活動に関する変数

　マクロ経済の動向は私たちの生活に大きな影響を及ぼします。また、政府はマクロ経済をコントロールするために、さまざまな経済政策を行っています。私たちがマクロ経済で用いられている用語を理解することは、自分たちの生活を守る情報を得ることと同義だと考えれば、これらを学ぶことは大変重要だと思います。

　さて、私たちの暮らす経済主体は、家計、企業、政府、海外の4つになるこ

とはお話ししました。それでは，図6-1を使って，それぞれの関係性についてみてみましょう。図6-1の左側にある国の国内で活動する経済主体が，右側に同様の経済主体が複数存在する海外があるとしましょう。

まず，家計はどのような経済主体でしょうか。世の中にある財・サービスと呼ばれるものを購入（消費）します。そして，生産要素と呼ばれる**労働**，**土地**，**資本**を提供します。これらを提供している報酬として**賃金**，**地代**，**利子**を受け取っています。また，預貯金をしていますし，政府に税金を納めています。次に，企業はどのような経済主体でしょうか。生産要素を家計から提供を受け，その報酬を払うとともに，世の中にある財・サービスと呼ばれるものを生産します。そして，投資を行う主体でもありますし，家計と同じく，政府に税金を納めています。政府は公的な財・サービスを提供するとともに，家計，企業から納税されています。また，さまざまな政策を立案・実施しています。海外とは，輸出，輸入を行っています。

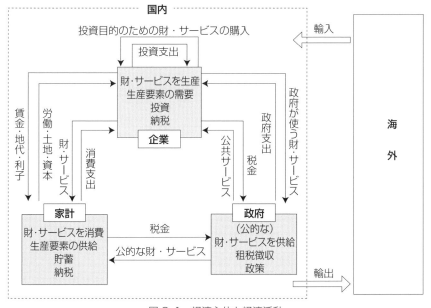

図6-1　経済主体と経済活動

マクロ経済学で考える，ある国の各経済主体の関係性は以上のようになります。表6-1でも示したように，マクロ経済学はある国の全体的な経済活動を扱うと示しました。本書ではいわゆる，マクロ経済学をやるわけではありません。マクロ経済学を学ぶうえで必要な知識をもつことを目的にしていますので，**経済成長率，失業率，物価，国際収支，株価，外国為替レート**といったマクロ経済学の基本的な指標がどのようなもので，どのようなことを示しているのかを知っていくことにしましょう。

重要なマクロ経済変数(1)

(1) 経済成長率

マクロ経済学は所得理論とも呼ばれています。実は，マクロ経済学を学んでいくとわかることなのですが，この学問において最も重要な指標が所得なのです。この代表的な指標が所得水準を示す **GDP**（**国内総生産** Gross Domestic Product）です。この GDP なのですが，後に詳しく扱いますので，今は，ある国に住んでいるすべての人が家族だという超大家族の所得だと考えておいてく

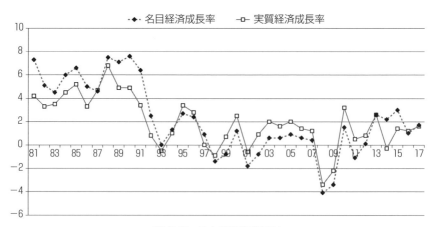

図6-2 日本の経済成長率

（出所）総務省統計局『国民経済計算』より筆者作成

ださい。このGDPの成長率を「**経済成長率**」と呼んでいます。図6-2には，ここ30年くらいのGDP成長率が示され，名目経済成長率と実質経済成長率の2つが示されています。

なぜ，2つの経済成長率が示されているのかについて，説明しましょう。まず，「名目」とは物価水準の影響が考えられていないことを示す一方で，「実質」は物価水準の影響が考えられていることを示しています。そして，GDPの動きのなかには，生産量の拡大の部分と，物価の上昇の部分の両方が入っています。物価上昇の例を示せば，昭和31（1956）年のアンパンの値段は12円ですが，昭和54（1979）年では80円，今であれば，コンビニ等で売っているアンパンは100円〜120円くらいでしょうか。

もし，各年のGDPを比較しようとしたとき，生産量の拡大の部分が存在しない，つまり，生産量が各年で同じであったら，物価の上昇の部分だけでGDPが変化してしまうことになり，本当に経済成長率を示しているのかどうかが怪しくなります。そこで，時系列での経済成長率を見るためには，物価上昇の部分を考慮した実質経済成長率というものが必要になってくることが，わかってもらえるのではないでしょうか。

さて，ここ30年くらいの日本の経済成長率について，見ていきましょう（これ以前については，第8章で説明します）。1980年代後半に，5％を超える高い経済成長期が続きます。これが後にバブル経済と呼ばれる時期です。1990年代に入ると，一転して経済は急激に停滞します。1997年には，北海道拓殖銀行や山一證券の破綻などにより金融危機が深刻化し，1998年には石油危機以来というマイナス成長になります。2000年にはITバブルのおかげで比較的高い成長率を示しますが，ITバブルの崩壊で経済は再び停滞します。その後，構造改革や不良債権の処理が進展したことから日本経済は回復基調に入りますが，2008年のリーマン・ショックと呼ばれる全世界的な金融危機の影響で，2009年まで経験したことのないマイナス成長をしています。近年は低成長ながらも経済成長をしているようです。

(2) 失業率

表6-2では，日本とその他の国の**失業率**を示しています。日本に注目すると，

表6-2 失業率の国際比較

	スウェーデン	フィンランド	ノルウェー	デンマーク	イタリア	ギリシャ	スペイン	ポルトガル
1980	2.1	5.3	1.7	−	4.8	−	9.0	−
1985	2.9	6.0	2.6	6.6	8.2	7.0	17.8	9.2
1990	1.7	3.2	5.8	7.2	8.9	6.3	13.0	4.8
1995	8.8	15.1	5.5	6.8	11.2	9.1	18.4	7.2
2000	5.6	9.6	3.2	4.3	10.1	11.3	11.1	4.5
2005	7.7	8.3	4.5	4.8	7.7	9.9	9.2	8.6
2008	6.2	6.4	2.5	3.4	6.8	7.7	11.4	8.5
2009	8.3	8.2	3.1	6.1	7.8	9.5	18.0	10.6
2010	8.4	8.4	3.5	7.4	8.4	12.6	20.1	12.0
2015	7.4	9.4	4.3	6.2	11.9	24.9	22.1	12.4
	カナダ	オーストラリア	フランス	ドイツ	イギリス	アメリカ	日本	チリ
1980	7.5	6.1	5.8	−	5.8	7.1	2.0	−
1985	10.6	8.3	9.6	−	11.2	7.2	2.6	−
1990	8.1	6.9	8.4	−	6.9	5.6	2.1	7.8
1995	9.5	8.5	11.0	8.2	8.5	5.6	3.1	7.3
2000	6.8	6.3	9.0	8.0	5.4	4.0	4.7	9.7
2005	6.8	5.0	9.3	11.3	4.8	5.1	4.4	9.2
2008	6.1	4.2	7.8	7.5	5.6	5.8	4.0	7.8
2009	8.3	5.6	9.5	7.8	7.6	9.3	5.1	10.8
2010	8.0	5.2	9.8	7.0	7.8	9.6	5.1	8.2
2015	6.9	6.1	10.4	4.6	5.3	5.3	3.4	5.0

(出所)OECD東京センター　Harmonised Unemployment Rates and Levels(HURs)より筆者作成

1990年代まで，他の先進国と比べると失業率は低かったことがわかります。これは，日本型雇用慣行と呼ばれる，終身雇用や年功序列賃金体系，企業内労働組合など，日本以外の先進国ではあまりみられることのない特色をもった労働慣行が影響していたと思われます。

しかし，2000年に入ると日本の失業率は高くなっています。この原因として挙げられている理由は数多くあります。国際競争の激化によって，日本企業が終身雇用をやめるなどの雇用慣行の変化や，景気低迷の長期化による雇用意欲の低下などがあります。ほとんどの人が働くことで所得を得ているので，仕事がないと生活できません。失業はそれぞれの家庭にとっても深刻な問題です。また，失業率が高いということは，労働力がありながら活用できていないということなので，その国の社会的な損失にもなります。このことからも，失業がマクロ経済政策で扱われる重要な問題であることがわかると思います。

ただし，失業率をゼロにするということを目標にするのは正しいとはいえません。そのことを説明しましょう。失業には，**①摩擦的失業**，**②自発的失業**，**③非自発的失業**の3種類があります。1番目の摩擦的失業とは，（応募・訓練などの）労働力の移動に時間がかかるために生じる失業です。2番目の自発的失業とは，より良い条件を求めて離職している状態を指す失業です。3番目の非自発的失業とは，働きたいのに働く場所がない状態を指す失業です。3番目の非自発的失業をゼロにするために，政府が政策を行うことは正しいといえます。そして，この非自発的失業がゼロになっている状態を**完全雇用**といいます。政府が摩擦的失業をゼロにすることは，政府が賃金を操作できないので不可能です。また，提示される賃金では働きたくない人である自発的失業者を，無理やり働かせるのはさまざまな問題にも発展しかねないために，ゼロにすることは不可能です。摩擦的失業や自発的失業が発生するのは経済環境の変化や労働力の移動があって存在するため，これらの失業をゼロにするというのは不可能なことなのがわかってもらえると思います。

最後に，外国の失業率についてみてみましょう。高福祉で有名な北欧諸国をみると，高福祉が失業率と直接関係しているとはいえないことがわかります。また，最近，ギリシャの財政危機問題によって有名になったPIGS（ポルトガル，イタリア，ギリシャ，スペイン）はどの国も失業率が高いことがわかります。失業率を見ることで経済状況が悪くなったことが想像できますが，そのようなときに財政危機が起こっているともいえるのかもしれません。

（3）物価

世の中の財・サービスは市場で取引され，価格がつけられます。市場ではその価格に基づいて需要と供給が調整されています。たとえば，リンゴとミカンがあるとして，リンゴが体に良いということになると，ミカンを好きで食べていた人もリンゴを食べるようになるので，リンゴの価格が上昇し，ミカンの価格が下落するかもしれません。このように，ある財の価格が上がる一方で，別の財の価格が下落するのは市場経済では普通で，価格が円滑に変動するほうが望ましいとされています。多くの財・サービスの価格が同方向に変化することがあり，価格が上昇する場合を**インフレーション**，低下する下落する場合を

デフレーションといいます。

ところで、世の中には数えきれないほどの財・サービスがあります。このような状態で物価水準を計ることは難しい問題です。そこで、マクロ経済学では数多くの財・サービスの価格を適当な方法で平均化した物価水準を示す指数（物価指数）で扱っています。代表的なものとして、**消費者物価指数**（CPI；Consumer Price Index），**企業物価指数**（CGPI；Corporate Goods Price Index），**GDPデフレーター**などがあります。

図6-3　消費者物価指数と企業物価指数の概念

それでは、消費者物価指数と企業物価指数の概念について説明しましょう。みなさんはスマートフォンをもっていると思います。スマートフォンはそれを原料として他の財・サービスとなるわけではない財（最終消費財）です。つまり、私たちが消費している財です。このような財・サービスの物価指数のことを消費者物価指数といいます（図6-3の①における物価指数）。さて、スマートフォンは色々な部品によって構成されています。たとえば、チップ（半導体集積回路）などが思いつくでしょうか。企業Aはスマートフォンを作るために、企業Bからチップを購入します。ここで売買される財・サービスの物価指数のことを企業物価指数といいます（図6-3の②における物価指数）。

また、GDPデフレーターとは名目GDP÷実質GDP×100で算出される、国内で生産されたすべての財・サービスの価格水準を示す物価指数です。

さて、図6-4では消費者物価指数と企業物価指数でみたインフレ率の推移が示されています。1974年に第1次石油危機が起こりました。このとき、消費者物価も企業物価も急激に上昇します。ところが、1979年の第2次石油危機のときには企業物価指数は上昇しますが、消費者物価指数はさほど上昇しませんでした。これは原油価格の上昇を、省エネルギー技術の採用などによって、日本企業がうまく吸収したためとされています。1980年代前半、物価は比較

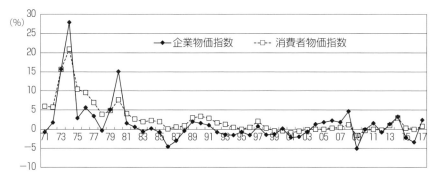

図 6-4　インフレ率

（出所）日本銀行『国内企業物価指数』（総平均 2015 年基準），総務省『消費者物価指数』（全国・総合 2015 年基準）より筆者作成

的に安定的に推移していますが，1986 年に企業物価指数が大きく下落します。これは急激に円高が進行し，輸入財の価格が低下したためです。1990 年代にはデフレ傾向が強まり，2009 年には企業物価指数が大きく下落しました。2008 年のリーマン・ブラザース倒産による世界的な金融危機を引き金として，世界中で景気が急速に減退したためです。

　図 6-5 は賃金率上昇の推移を示したものです。なぜ，この図を示したのかと

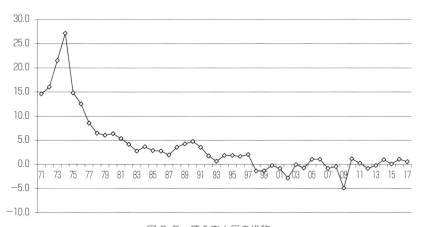

図 6-5　賃金率上昇の推移

（出所）総務省統計局『毎月勤労統計調査』事業所規模：30 人以上，全産業

いうと、賃金はみなさんの労働供給への対価です。だから、賃金は労働の価格だというわけなのです。さて、物価水準のお話をした後に賃金率を示したのには理由があります。私たちは働くことで所得を得て、財・サービスを購入します。ということは、賃金率上昇とインフレ率の変化の大きさが同時期に同方向であれば、私たちの消費行動において、さほど不便を感じないかもしれません。消費者物価指数と賃金率はともに価格ですから、実際には、おおむね同じような時期に、同じ大きさで変化しています。だから、物価指数と賃金率が関係性をもって変化するのは大した問題ではないと思うかもしれません。

　では、お金と物価水準について考えてみましょう。まずは、インフレーションを考えます。あるとき、ジャガイモの価格が100円から200円に上昇したとしましょう。これを見た農家は、来年は今年より多くのジャガイモを作ろうとして、急いで農機具を購入したり、農地を大きくしようとするかもしれません。ところが、価格が上昇しただけで、需要が増えていなかったら、来年になってたくさんジャガイモを作ったとしても売れません。結局、農家にとっては新しい農機具や農地は無駄になって、購入するために借金をしていたら、残るのは借金だけということになってしまうかもしれません。このようにインフレは各経済主体を誤った行動に向ける可能性があります。

　次に、デフレーションを考えてみましょう。たとえば、100万円の借金をしたとします。日給が10,000円なら100日間働くことで返済することができます。ところが、デフレーションが起こって日給が5,000円になってしまったら、200日間働かなくてはなりません。デフレの結果、同じ額の借金を返済するために、より多くの時間働く必要があります。

　このように物価水準の変動とお金の価値にはありがたくない関係があります。インフレは、お金を借りている人にとってはその金額の返済は楽になり、貸している人にとってはその金額の実質的な価値を低下させることになります。その反対のデフレは、お金を借りている人にとってはその金額の返済を苦しくさせ、貸している人にとってはその金額の実質的な価値を増加させることになります。企業は借金をして投資をしたり、労働者を雇ったりしています。デフレだと、その借金が重たくなり、投資や労働者の雇用が控えられてしまいます。

(4) 国際収支

　経済のグローバル化が進み，国境を越えた取引が増加しています。日本経済も例外ではありません。一定期間の1国のあらゆる対外経済取引を記録した統計が**国際収支統計**です。対外経済取引のうち，財・サービス・所得の取引を記録したものが**経常収支**と呼ばれ，貿易収支やサービス収支などが含まれています。対外資産・負債の増減を記録したものが**金融収支**と呼ばれ，直接投資や証券投資が含まれます[2]。国際収支は，経常収支と資本移転等収支と金融収支と誤差漏洩を足し合わせるとゼロとなります[3]。

　図6-6は経常収支の推移を示しています。財・サービスの輸出が輸入を上回れば，経常収支は黒字です。1990年代の経常収支のGDP比は2～3％台で推移していました。日本にとって，輸出とは海外の需要を意味します。バブル崩壊後の景気を下支えしていたのは外国の需要ということがわかります。同じように，世界的に景気が良かった2000年代の中頃までは経常収支は増加を続け，2007年には経常収支24.5兆円，GDP比で4.8％になっています。翌年以降はサブプライムローン問題による世界的な景気後退により，経常収支額は縮小しています。2011年から2014年は東日本大震災の影響で，発電のために天然ガスの輸入が増加したため，経常収支の黒字は大幅に縮小しています。

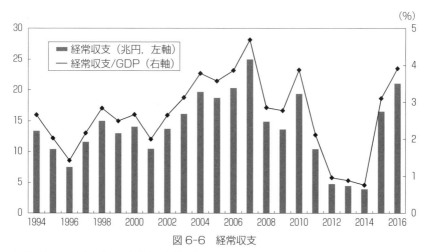

図6-6　経常収支

（出所）財務省のホームページをもとに筆者作成

図 6-7　経常収支・資本収支の黒字・赤字

　さて，日本の経済収支黒字は，相手国の経常収支の赤字を意味します。経常収支が赤字の国では，外国製品のシェアが拡大し，外国製品との競争に敗れた企業の倒産や大規模なリストラなどがおこります。このようなことから，政治的に貿易摩擦を起こす可能性を含んでいます。日本もアメリカとの間で，貿易摩擦による関係が険悪になった期間がありました。

　経常収支の黒字は金融面からもとらえることができます。貿易は財・サービスの流れる方向と，その対価の流れる方向が真逆になっているのはわかるでしょうか。日本にとって経常収支黒字になっている，図6-7を見てみましょう。日本はアメリカに車を10台輸出して10万ドルを受け取り，アメリカからパソコンを100台輸入して9万ドルを支払っています。この場合の経常収支黒字は1万ドルということになり，日本には1万ドルが残ります。この1万ドルを使って，日本はアメリカの資産（債券や土地など）を購入したり，ドル建てでアメリカの銀行に預金をしたりしています。つまり，日本の経常収支黒字はアメリカにお金を貸している部分だともいえます。

　経常収支黒字が続くことは，対外資産残高の増加を意味します。逆に，経常収支赤字が続くと対外資産残高の減少を意味します。図6-8は対外資産と対外負債を示したものです。日本は経常収支黒字が長く続いているために，対外純資産（対外資産から対外負債を引いた値）は世界各国のなかでもひときわ大きくなっています。近年では，経済成長の著しい中国や香港，EU経済圏の勝ち組

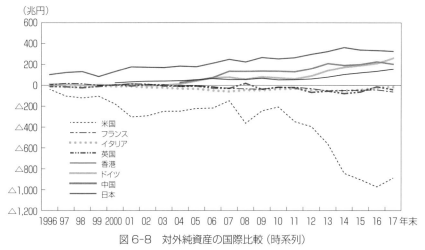

図6-8 対外純資産の国際比較（時系列）
（出所）日本銀行ホームページより

といわれているドイツも対外純資産を増やしています。対外資産残高の増減は，その国の対外取引状況を知ることができるともいえます。

(5) 株価

　新聞で目にしたり，テレビ番組で聞く**日経平均株価**という言葉があります。これは日本を代表する225社の株価を指数化した値です。なぜこのような指標が必要なのかというと，物価と同じように株価も個別の株価ではなく，多くの会社の株価の平均値で見るのが適当だからです。図6-9は日経平均株価の推移を示しています。

　日経平均株価の最高値は1989年12月にありました。バブル景気と呼ばれる時期に当てはまります。さて，このバブルとは一体何でしょうか。バブルという用語は経済学では，「真の価値（ファンダメンタルズ）と市場価値の差」を指します。真の価値が5,000円でしかないものに，10,000円の価格が付いていれば，差額の5,000円がバブルの大きさです。どうして，10,000円で買う人がいるのかは，10,000円で買いたい人が15,000円で転売できると考えているからなのです。つまり，バブルが大きくなるのは将来への楽観視（値上がりの期待）があ

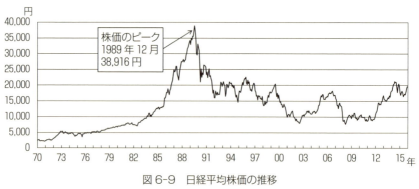

図 6-9　日経平均株価の推移

（出所）東洋経済新報社『株価 CD-ROM』から筆者作成

るからなのです。

　さて，株価の真の価値はその企業の将来の収益と理解されています。将来のことは誰もわかりませんので，誰も株式の真の価値も正確にはわからないのです。そのために，バブルが発生しているのか，バブルが大きくなっているのかについて，厳密に知ることは不可能なのです。

(6) 外国為替レート

　外国為替レートとは，ある国の通貨と他の国の通貨の交換比率のことです。日本の円とアメリカのドルを例にして，為替レートの話を進めていきましょう。1 ドル＝100 円と表現されるよく聞く表現の為替レートは，1 ドルと交換するのに何円必要かということを示していて，この表示方法を邦貨建て為替レートといいます。

　どのようになったら円高，または円安というのかは理解しているとは思いますが，自分の国の通貨が他の国の通貨と比べ相対的に高くなったら円高，安くなったら円安です。邦貨建て為替レートであれば，1 ドル＝100 円から 1 ドル＝80 円になったら円高，1 ドル＝125 円になったら円安です。

　為替レートは貿易取引や国際金融取引に大きな影響を与えます。図 6-10 を見てください。まずは輸入を考えてみましょう。日本にとって支払金額が少ないのは円高のときです。つまり，円高だと海外製品の円建て価格を下落させ，

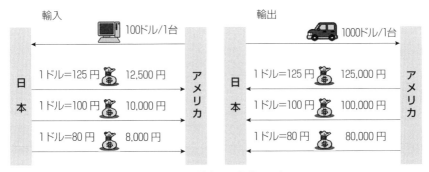

図6-10 輸出入と為替レート

円安だと外国製品の円建て価格を上昇させます。一方、輸出のときは、日本にとって受取金額が大きいのは円安のときです。つまり、外国人にしてみると、円安だと日本製品の値下がりを意味し、円高だと日本製品の値上がりを意味します。以上のことから、一般的に、円安は日本の輸出企業の収益を改善させ、円高は日本の輸出企業の収益を悪化させます。

円の対ドル為替レートの実際の推移を示したものが図6-11です。円が1973年に変動相場制に移行してからの長期間でみてみると、円高の傾向があります。しかし、1980年代中ごろには1ドル＝250円を上回る円安になり、対アメリカの貿易黒字が大きな問題となりました。1985年のプラザ合意をもとに円高誘

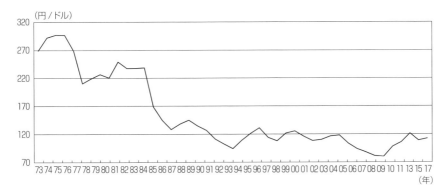

図6-11 対ドル為替レートの推移

（出所）日本銀行ホームページより筆者作成

導策がとられると，急激に円高が進み，今度は円高による日本経済の不況を招いてしまいました。この不況に対してとられた金融政策が，バブル経済の一因になったとされています。

GDP（国内総生産）とは

(1) GDP の定義と付加価値

　まずは，GDPの定義を説明しましょう。定義は，「一定期間に国内で生み出された財・サービスの付加価値額の総計」です。これでは何のことかよくわからないと思いますので，まずは**付加価値**から説明をしていきます。

　付加価値とは，**産出価値額**から**中間投入**を差し引いたものと定義されます。図6-12をみてください。この図では，農家が小麦を生産し，その小麦を食品メーカーに売却します。食品メーカーは小麦を小麦粉にして，小麦粉を問屋に売却します。問屋は小麦粉をパン屋に売却し，パン屋は小麦粉をパンにして消費者に販売します。

　図6-12のパンが消費されるまでの経済活動の規模をどのように評価したらよいでしょうか。ひとつの考え方は，各経済主体（農家，食品メーカー，問屋，パン屋）の売上を合計するという方法でしょう。図6-12であれば，620（＝100＋150＋170＋200）となります。しかし，この考え方の場合，問屋の数が増えていくにつれて，各経済主体の売上の合計は増えていくことになります。確かに，問屋の数が増えるだけで売上は増加しますが，消費者が食べられるパンの量には変化がありません。売上を経済活動の大きさ（＝食べられるパンの量）の指標とするには奇妙であることに気付いてもらえると思います。そこで，付加価値という概念が用いられることになります。食品メーカーは仕入れた小麦に手を加えて小麦粉にしました。仕入れた小麦は100の価値しかなかったのですが，手を加えて作った小麦粉は150の価値をもつようになります。食品メーカーが小麦を小麦粉にしたという努力によって50の価値が増加したのです。この価値の増加分を付加価値といいます。図6-12の経済活動による付加価値の合計は200（＝100＋50＋20＋30）になります。

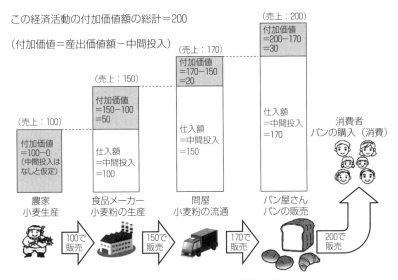

図6-12 経済活動と付加価値の例

　日本全体での経済では，付加価値を生み出す活動がいたるところで行われています。日本の GDP は1年間に日本国内で生み出された付加価値の合計したものです。この付加価値のことを生産過程によって生み出された GDP ということで，**生産 GDP** といいます。

(2) GDP と所得

　さて，付加価値なのですが，最終的に誰のものになるのでしょうか。たとえば，食品メーカーをみてみましょう。この会社は 100 で仕入れた小麦を加工して 150 の小麦粉にして，50 の付加価値を得ています。会社はこの 50 の付加価値から，付加価値を作るために必要とした人・物に配分しています。従業員に給料を支払ったり，借金があるなら元本と利子の返済をしたり，会社の方針に賛同して資金を提供してくれた人（株主）に配当を支払ったりしています。GDP は生産額を示していると同時に，その GDP の行先は私たち（労働者，債権者，株主）で，私たちはそれを所得として生活を送っています。このように，GDP は最終的に私たちの所得として考えることができます。このような見方をした GDP のことを，**所得 GDP**（または分配 GDP）といいます。

プライマリー・バランス

ここでは，みなさんに知っておいてほしい言葉を紹介します。プライマリー・バランス（**基礎的財政収支**）という言葉です。どのような balance なのかは以下の通りです。

税収＝政府支出－公債費

税収は政府の収入の1つです（他には公債発行や印紙収入があります）。公債費には公債の利払いや元本償還などが含まれています。上式の意味することころは，プライマリー・バランスが成立していれば，国の予算が税収だけでまかなえていて，債務を増加させないでいることを示します。

先進国では政府債務残高が増加している国が多く，そのなかでも日本は最も政府債務残高の多い国で，その国の GDP に対する比率（政府債務残高の対 GDP 比）は 2011 年時点で 200％を超えています。

国民が政府に対して，多くの要望をすれば政府支出額は大きくなり，プライマリー・バランスを均衡させるためには，より多くの税収が必要になり，増税を行うことになります。多くの方が日本国の台所事情を認識したうえで，政治家・政党の方針に注目し，投票を行うことが不可欠になってきています。

(3) GDP と支出

付加価値を1つひとつ加えていくと 200，消費者の支出額は 200 です。このことから，付加価値を1つひとつ加えていくよりも，最後の消費者の購入価格（最終消費支出）で測った方が簡単なのではないかという疑問がわいてきます。確かにその通りなのですが，すべての経済活動が日本国内で行われている場合には正しいのですが，少しでも海外の経済活動を含むと正しくなくなります。

図 6-12 の例で，パン屋さんが日本の問屋からの小麦粉以外に，外国の小麦粉 20 を使ってパンを作っているとしましょう。また，パン屋さんのパンの価格は 200 のままだとすると，パン屋さんの付加価値は 10（＝200－170－20）になります。この例だと，パン屋さんの販売価格（産出価値額）が一定で，中間投入が増加したので，パン屋の付加価値が減少するのは当然です。しかし，外国産小麦粉のための中間投入 20 は，図 6-12 に登場する国内の経済主体にはどこ

にもありません。また，国内で生み出された付加価値は180，最終消費支出は200となります。つまり，外国に支払った分だけ，国内で生み出された付加価値は最終消費支出よりも小さくなります。

したがって，最終消費額を使って付加価値を計算するときには，最終消費額から輸入による部分を除くという作業が必要になります。逆に，外国の消費者が購入してくれた部分（日本からすれば輸出）は国内の消費者の支出を調べても出てきませんから，その部分を加える必要があります。このようにしていけば，GDP を支出という観点から示すことができます。このような GDP のことを**支出 GDP** といいます。

(4) GDP の三面等価

さて，ここまでいろいろな表現を用いて付加価値を説明してきました。気づいているかもしれませんが，「生産」面からみた値と，「所得（分配）」面から見た値と，「支出」面から見た値が等しくなっています[4]。この生産 GDP ＝所得 GDP ＝支出 GDP という関係を **GDP の三面等価**と呼んでいます。この考え方が実際の GDP の統計上でもいかされています。

(5) GDP 統計

GDP の統計は内閣府が発表しています。この統計はテレビでのニュースや新聞紙上で必ず発表されます。表 6-3 は 2005，2010，2015，2017 年度の GDP 統計です。表 6-3 にある各年の GDP の推移を見ると，2008 年に発生したサブプライムローン問題によって，その後の数年間，世界的な景気を後退させた影響が日本にも大きかったことがわかります。表 6-3 では支出面から見た GDP で示され，企業，政府と海外の 4 つの主体で示しています。

それでは，表 6-3 のなかにある重要な用語の説明をしましょう。**民間最終消費支出**と**民間住宅**の 2 つが家計の支出に該当します。民間最終消費支出は私たちが実際にジュースや通話といった財やサービスにお金を支払っている部分です。どの年度も GDP の約 6 割を占める項目です。この項目が GDP の大小を決定する要因のひとつといっても過言ではないでしょう。民間住宅は私たちが家を建てるために使ったお金です。ジュースや通話とは違って何十年も使うこ

表6-3　2005，2010，2015，2017年度のGDP

項目				名目GDP				実質GDP			
				2005	2010	2015	2017	2005	2010	2015	2017
国内総生産（支出側）				525,692.20	499,281.00	533,894.90	548,639.20	492,571.10	492,892.10	518,318.30	532,978.40
	国内需要			518,115.7	493,366.7	534,287.5	543,776.00	501,334.00	491,737.40	525,274.00	533,918.60
		民間需要		395,246.1	370,610.8	401,463.7	408,353.40	380,623.30	369,084.60	394,414.10	401,176.30
			民間最終消費支出	292,964.70	287,592.70	300,947.00	303,984.30	281,475.20	286,508.90	296,294.90	299,592.70
			家計最終消費支出	287,044.70	281,417.70	293,309.40	295,790.90	275,915.90	280,385.40	288,672.60	291,429.70
			除く持ち家の帰属家賃	240,335.10	232,088.00	243,401.50	245,818.60	229,807.70	231,383.20	236,515.50	238,057.30
		民間住宅		19,469090	13,864.40	16,066.00	17,268.20	20,016.10	13,892.40	15,200.70	16,081.70
		民間企業設備		82,338.60	68,120.50	83,249.70	86,959.60	78,339.10	67,552.20	81,622.60	85,223.00
		民間在庫品増加		472.8	1,033.30	1,201.10	141.4	653.8	1,230.70	1,169.40	290.6
		公的需要		122,869.60	122,755.80	132,823.80	135,422.60	120,604.80	122,637.80	130,861.90	132,742.40
			政府最終消費支出	94,950.40	98,153.20	105,969.90	107,559.80	92,401.30	98,052.80	105,198.20	106,479.70
			公的固定資本形成	27,896.20	24,663.30	26,832.70	27,848.10	28,261.70	24,674.60	25,664.50	26,264.20
			公的在庫品増加	23	-60.6	21.2	14.7	19.3	-94.6	20.2	14.8
（再掲）総固定資本形成				129,704.70	106,648.20	126,148.30	132,075.80	126,402.30	106,108.10	122,434.00	127,493.80
財貨・サービスの純輸出				7,576.50	5,914.30	-392.6	4,863.20	-7,055.40	1,314.20	-7,020.90	-1,442.50
	財貨・サービスの輸出			76,607.30	75,913.60	91,752.10	98,162.40	65,228.80	74,749.10	82,864.00	91,298.40
	財貨・サービスの輸入			69,030.80	69,999.20	92,144.70	93,299.20	72,284.20	73,434.90	89,885.00	92,740.90

（注）単位：10億円。実質の実績は2011暦年連鎖価格。財貨・サービスの純輸出は連鎖方式での計算ができないため，財貨・サービスの輸出－財貨・サービスの輸入により求めている。
（出所）内閣府『国民経済計算』より筆者作成

とや，支払う額がケタ違いに大きいために，民間消費でありながら，民間最終消費支出とは別項目になっています。また，この項目の金額の動きというものが経済の状態を表すひとつであるとされているため，経済政策を決定するうえでも重要視されています。

　民間企業設備と**民間在庫品増加**が企業の支出の部分です。民間企業設備投資は文字通り，企業が新工場を建設したり，企業内に新しい設備を設置するために使ったお金を示します。民間在庫品増加は企業の在庫品の増減を示しています。この項目は企業の経済の先行きへの見方も知ることができる項目です。企業の生産は独自の見込みをもとに行っているので，企業の予想よりも売れなかった場合や，近い将来に必ず売れると見込んだ場合，在庫品は増加することになります。増加した在庫品は将来のために持ち越すため，と考えると将来に向

けた投資である，というわけです。どの年度も民間在庫品増加はプラスになっていますので，5年間隔でみた場合，将来に向けた投資額を増やしているととらえることもできます。

公的需要ですが，政府（国だけでなく地方公共団体も含んでいます）の支出です。政府は私たちと同様に消費支出も行います（たとえば，公務員の給料や役所の光熱費など）。また，道路やトンネルといった長期間利用できる施設も建設します。前者の支出が**政府最終消費支出**に該当し，後者の支出が**公的固定資本形成**と**公的在庫品増加**に該当します[5]。

輸出入はさきほど説明したように，日本国内の付加価値を計算するときに，外国からの輸入を控除しないと，日本国内の付加価値を出すことができません。逆に，日本からの輸出を日本国内の付加価値に加える必要があります。表6-4では輸出と輸入の計算がなされている**純輸出**（＝輸出－輸入）で示されています。

GDPの動きを詳しく知ることが，経済の動きを詳しく知ることになります。GDPの見方は以上の項目をそれぞれ見ていくことで，内容も理解できると思います。たとえば，GDPの増加率が低いということを知っていて，その原因がどこにあるのかを知るためには表6-3にあるそれぞれの項目の数値の推移を見なければわかりません。たとえば，政府は家計の支出に該当する項目の数値が下がっているならば，消費を喚起する政策を採らなければなりません。もし，私たちがそのことを知っているのならば，減税が行われるかもしれないという予測が立てられるわけです。このように各項目の動きを細かく見ることが適切な対応を取るために必要です。

● 注
(1) これ以降は家森（2017）を参考に，加筆しています。
(2) 金融収支には，外貨準備も含まれています。
(3) 資本移転収支とは，生産資源と金融資産以外の資産の取引や資本移転の収支のことで，対価を伴わない固定資産の提供，債務免除，非生産資産・非金融資産の取得処分などです。
(4) 次の節で示しますが，実際のGDP統計はそうなるように作成されています。
(5) 表6-3にある総固定資本形成とは，民間住宅と民間企業設備と公的固定資本形成を足し合わせたものです。

【考えてみよう】

1. 私たちの経済活動は，図のなかに必ず現れてきます。私たちの経済活動を思い浮かべて，それがどの矢印になっているのかを考えてみよう。
2. 日本経済の経済成長率が高いときと低いときのGDP（支出GDP）の内訳を調べ，日本経済の特徴を見つけよう。
3. 世界各国のGDPを調べて，ランキングをしてみよう。また，ある国のGDPをその国の人口や面積で割ることで，GDPランキングが大きく変わります。ぜひ，やってみてください。
4. 近年，消費者物価指数と企業物価指数が5％〜マイナス5％の範囲内で推移しています。この理由を企業経営のグローバル化の観点と為替相場の推移から考えてみよう。
5. 2018年度末，日本の国と地方を合わせた債務残高（日本国の借金）が約1,100兆円あります。この借金が今後の日本経済に与える影響について考えてみよう。

◆ 参考文献

- 家森信善（2017）『マクロ経済学の基礎』中央経済社
- 伊藤元重（2007）『マクロ経済学』日本評論社
- 伊藤元重（2009）『入門経済学（第3版）』日本評論社
- 井堀利宏（2011）『入門マクロ経済学（第3版）』新生社
- 中谷巌（2007）『入門マクロ経済学（第5版）』日本評論社
- 栗原昇編（2010）『わかる経済のしくみ（新版）』ダイヤモンド社

【参考webサイト】

- 総務省統計局　http://www.stat.go.jp/
- 内閣府　http://www.cao.go.jp/
- 日本銀行　http://www.boj.or.jp/
- OECD東京センター主要統計　http://www.oecdtokyo.org/pub/statistics.html
- アンパン価格の長期時系列　http://chigasakiws.web.fc2.com/（2018年12月20日最終閲覧）

Part II 経済と社会

景気のありよう

第7章

　経済活動というのは，一旦拡大を始めるとしばらくは拡大が続き，ある程度の期間が経過すると，停滞期が始まり，ある程度の期間で停滞期が継続します。これが景気の変動なのですが，景気の変動をどのように知ればいいのか，を紹介することが本章のねらいです。
　本来，景気見通しなどを発表するエコノミストのように，経済学の十分な知識をもって，景気を知ることが望ましいのかもしれません。しかし，今の世の中には，前章で知ったマクロ経済学の知識があれば，景気の状態を容易に知るための情報が数多くあります。本章では，将来の皆さんの経済活動の助けになることを願って，それらを具体的に紹介していこうと思います。

キーワード
QE（Quarterly Estimates of GDP），景気循環，キチンの波（在庫投資循環），ジュグラーの波（設備投資循環），クズネッツの波（建設活動循環），コンドラチェフの波（技術革新循環），景気動向指数 CI・DI，景気基準日付，先行指数，一致指数，遅行指数，全国企業短期経済観測調査（短観），業況判断DI

1 景気とは何だろう

景気とはいったい何でしょうと聞かれて，すぐに答えられる人はいるでしょうか。そんなに多くないのではないかと思います。そこで，この熟語の意味をインターネット辞書の「goo 辞書」で調べてみると，以下のようになっています。
(1) 売買や取引などに現れる経済活動の状況。とくに，経済活動が活気を帯びていること。好景気。
(2) 活気があること。威勢がよいこと。
(3) 人気。評判。
(4) 物事のよう。ありさま。また，情景。景色。
(5) 和歌・連歌・俳諧で，景色や情景のおもしろさを主として詠むこと。景曲。

もちろん，本章で扱う景気は (1) の意味です。経済活動の状況のことを景気といっていいと思います。また，世の中で景気という言葉は，その国全般の経済活動の状況が良いという場合にも使いますし，あの会社・A さんは景気が良いという場合にも使います。本章では前者の景気について，議論をしようと思います。

景気を知るということは経済活動の状況のことを知ればいいのだから，前章の GDP を理解すればいいのではないかと思うかもしれません。ところが，GDP は最新のものでも，確定値は 2 年前のものです。GDP には，四半期ごとに内閣府が発表する国内総生産の速報値である **QE (Quarterly Estimates of**

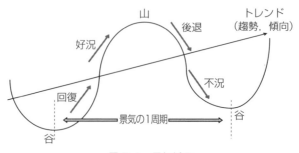

図 7-1　景気循環

GDP) というのがあります。確かに，景気動向を示す指標のひとつですが，非常に近い過去の GDP を示しているにすぎません。

さて，まずは景気循環とはどのように定義されているのでしょうか。図 7-1 は経済が成長傾向にあるという前提で，景気循環を示したものです。この前提が，トレンドの線を右上がりにさせています。景気は，**谷**（波の一番下）から次の谷（一番下）までが 1 周期です。**山**（波の一番上）から，次の山（一番上）まででも同様です。

それでは，この波でどのようなとき，景気がどのような状態にあるといわれるのでしょうか。図 7-1 を用いて説明すると，波の一番下から上に向かっていくときが景気の"**回復**"期で，波の一番下に向かっていくときが景気の"**不況**"期です。山のピークに向かっているときが"**好況**"期で，山のピークから下っているときが"**後退**"期です。気がついた人もいるかもしれませんが，景気の波をならしたものがトレンドになっています。

さて，高校までの授業中に，いろいろな名前のついた景気循環をきいたことのある人がいると思います。**キチンの波**，**ジュグラーの波**，**クズネッツの波**，**コンドラチェフの波**などがそれにあたります。これらの景気循環は，前から順に**在庫投資循環**（40 か月），**設備投資循環**（10 年），**建設活動循環**（20 年），**技術革新循環**（50 年）と，それぞれ何かしらの理由をもって景気が循環すると主張されているものです。

この景気循環は日本経済に実際に適用可能なのでしょうか。図 7-2 は，ここ

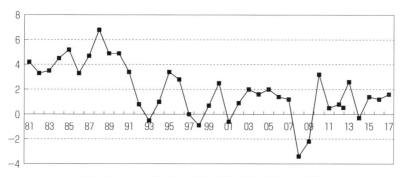

図 7-2　日本の約 30 年間の実質 GDP 成長率の推移

約30年間の日本の経済成長率を示しています。さて，みなさんは図7-2から景気循環の法則を見出すことができるでしょうか。大変，難しいと思います。その理由は簡単で，ある国のGDPの年次推移には在庫投資，設備投資，建設活動，技術革新のそれぞれの循環が複雑に交じり合っているからです。もし，各循環にたって話をするならば，それぞれのデータをもとに議論を進めなければなりません。もちろん，それぞれのデータをもとに議論を行ったとしても，その景気は過去のものです。みなさんが気になる景気とは，現在から将来にかけてだと思います。そこで，本章では主に，景気をどのようにして判断すればいいのかを紹介しようと思います。

  景気動向指標

(1) 今までの日本経済の景気の山と谷

さて，第2次世界大戦後の日本経済は今までに何回の景気循環を経験したのでしょうか。表7-1を見てください。**景気基準日付**というものが示されています。2018年末時点で，15回の景気循環を経験し，16回目の景気循環中とされています。景気循環は，内閣府にある**景気動向指数研究会**というところが議論を行い，内閣府にある経済社会総合研究所の所長が決定し，公式に発表されます。

最近の景気循環（第14循環）は統計を取り始めてから循環期間が最長（86カ月）でした。しかも，拡張期間が73カ月とこれも最長でしたが，図7-2をみてもらうとわかるように，2002年1月から2008年2月までの景気の回復・好況期の実質GDP成長率は約1.1％で，好景気を体感できるような景気拡大期ではなかったことがわかります。では，バブル経済の頃はどうだったのでしょうか。景気循環でいえば，第11循環にあたります。この景気循環は第14循環以前であれば，最大の景気循環期（83カ月）になっていました。景気の谷から山への時期がバブル経済の時期とほぼ一致します。その後の景気後退期は32カ月と長いのも特徴です。図7-2と表7-1を時系列で追ってみると，実質GDP成長率と景気の山と谷はほぼ一致していることがわかります。それでは，この景気の山と谷はどのように決定されているのかをみていくことにしましょう。

表7-1　景気基準日付

	谷	山	谷	期間			(参考) 四半期基準日付	
				拡張	後退	全循環	山	谷
第1循環		1951年6月	1951年10月		4カ月		1951年4～6月	1951年10～12月
第2循環	1951年10月	1954年1月	1954年11月	27カ月	10カ月	37カ月	1954年1～3月	1954年10～12月
第3循環	1954年11月	1957年6月	1958年6月	31カ月	12カ月	43カ月	1957年4～6月	1958年4～6月
第4循環	1958年6月	1961年12月	1962年10月	42カ月	10カ月	52カ月	1961年10～12月	1962年10～12月
第5循環	1962年10月	1964年10月	1965年10月	24カ月	12カ月	36カ月	1964年10～12月	1965年10～12月
第6循環	1965年10月	1970年7月	1971年12月	57カ月	17カ月	74カ月	1970年7～9月	1971年10～12月
第7循環	1971年12月	1973年11月	1975年3月	23カ月	16カ月	39カ月	1973年10～12月	1975年1～3月
第8循環	1975年3月	1977年1月	1977年10月	22カ月	9カ月	31カ月	1977年1～3月	1977年10～12月
第9循環	1977年10月	1980年2月	1983年2月	28カ月	36カ月	64カ月	1980年1～3月	1983年1～3月
第10循環	1983年2月	1985年6月	1986年11月	28カ月	17カ月	45カ月	1985年4～6月	1986年10～12月
第11循環	1986年11月	1991年2月	1993年10月	51カ月	32カ月	83カ月	1991年1～3月	1993年10～12月
第12循環	1993年10月	1997年5月	1999年1月	43カ月	20カ月	63カ月	1997年4～6月	1999年1～3月
第13循環	1999年1月	2000年11月	2002年1月	22カ月	14カ月	36カ月	2000年10～12月	2002年1～3月
第14循環	2002年1月	2008年2月	2009年3月	73カ月	13カ月	86カ月	2008年1～3月	2009年1～3月
第15循環	2009年3月	2012年3月	2012年11月	36カ月	8カ月	44カ月	2012年1～3月	2012年10～12月

(出所) 内閣府・景気動向指数研究会ホームページ

(2) 景気動向指数

　それでは，景気を判断・予測するための指標を紹介しましょう。**景気動向指数**というものがあります。この指数は，内閣府経済社会総合研究所が毎月，速報値と改定値を作成・公表していて，総合的な景気局面の判断・予測を行うために，複数の指標を組み合わせて算出して出されています。また，これらには2つの指数があり，**コンポジット・インデックス**（Composite Index，CI）と**ディフュージョン・インデックス**（Diffusion Index，DI）があります。

　DIは，景気動向の"方向性"を示す指数で，各指標の数値が上昇しているのか，低下しているのかを調べるためのものです。採用された指標を3カ月前の数値と比較して，改善（プラス）を1，変化なし（横ばい状態）を0.5，悪化（マイナス）を0として分類して指数を計算します。一致指数が50％以上なら景気が上向き，50％以下なら景気が下向きと判断されます。景気動向指数研究会において，景気の転換点となる景気基準日付（景気の山・谷）の判定にも使用され，

日経平均株価と東証株価指数（TOPIX）

　実は，本章で取りあげている指標以外にも，景気の先行きを示しているとされるものは数多くあります。そのうちの株価に関連するものが，日経平均株価と東証株価指数（TOPIX）といわれるものです。どちらも，東京証券取引所第1部上場銘柄が対象となっています。これらの指数は，毎日，毎時間その動きが報道されます。株価は景気のバロメーターとして受け止められていることから，最も早く入手できる経済指標といえます。とくに，2001年度以降は株価の下落が企業の会計上の利益に影響するようになったため，企業行動に対する影響力も大きくなりました。

　日経平均株価は，上場されている株式のうち取引が活発で流動性の高い225銘柄を，日本経済新聞社が選定し，定期的に入れ替えている指数です。株価が高い銘柄の値動きの影響を受ける特徴があります。

　TOPIXは，上場されている全株式を対象として，東京証券取引所が算出・公表している株価指数です。1968年1月4日の終値で評価した東証1部上場全銘柄の時価総額を100として，上場株式総額（＝株価×上場株式数）を指数化したものです。発行済み株式数の多い銘柄の値動きの影響を受ける傾向があります。また，全銘柄を対象としているので，特定の業種が大きく動いても，全体の動きが小さい場合にはTOPIXの動きは鈍くなります。

　一長一短な印象を受けるかもしれませんが，どちらもそれぞれの特徴があるために，株価の重要な指標として利用されています。

景気の判断を変更するには，上向きあるいは下向きの状態が数カ月続く必要があるとされています。

　CIは，景気変動の"大きさやテンポ（量感）"を示す指数です。基準となる年を決めて，その基準年と比べてどれぐらい景気が変化したかを調べます。基準となる年を100として，一致指数が100より上昇していれば景気は拡張局面に，100より低下していれば景気は後退局面にあることがわかります。一致指数の変化の大きさは，景気の拡張や後退の大きさをあらわします。DIの計算

方法は，一致系列の9の項目のうち，改善が6つで，変化なしが1つであれば，$(1 \times 6 + 0.5) \div 9 = 0.722\cdots$ となり，百分率表示で約72%となります。CIの計算方法は大変複雑なので，ここでは省略します。

さて，一致指数とは何でしょうか。実は，これらの指標は，景気の動きに対して「いつ」反応をしめすかで，先行系列，一致系列，遅行系列の3つにわけらます。先行系列の指標から算出された指数のことを**先行指数**（Leading Index：リーディング・インデックス）といい，数カ月先の景気の動きを示します。一致系列の指標から算出された指数のことを**一致指数**（Coincident Index：コインシデント・インデックス）といい，景気の現状を示しています。遅行系列の指標から算出された指数のことを**遅行指数**（Lagging Index：ラギング・インデックス）といい，半年から1年遅れで反応するものです。

表7-2に先行指数，一致指数，遅行指数を算出する際に用いられている系列の内容が示されています。各系列の内容は入れ替えられることがあり，2018

表7-2 先行指数，一致指数，遅行指数の系列の内容

	先行系列	一致系列	遅行系列
1	最終需要財在庫率指数（逆サイクル）	生産指数（鉱工業）	第3次産業活動指数（対事業所サービス業）
2	鉱工業用生産財在庫率指数（逆サイクル）	鉱工業用生産財出荷指数	常用雇用指数（調査産業計，前年同月比）
3	新規求人数（除学卒）	耐久消費財出荷指数	実質法人企業設備投資（全産業）
4	実質機械受注（製造業）	所定外労働時間指数（調査産業計）	家計消費支出（勤労者世帯，名目，前年同月比）
5	新設住宅着工床面積	投資財出荷指数（除輸送機械）	法人税収入
6	消費者態度指数	商業販売額（小売業，前年同月比）	完全失業率（逆）
7	日経商品指数（42種総合）	商業販売額（卸売業，前年同月比）	きまって支給する給与（製造業，名目）
8	マネーストック（M2）（前年同月比）	営業利益（全産業）	消費者物価指数（生鮮食品を除く総合）（前年同月比）
9	東証株価指数	有効求人倍率（除学卒）	最終需要財在庫指数
10	投資環境指数（製造業）		
11	中小企業売上げ見通しDI		

（出所）内閣府・景気動向指数研究会

年11月現在，日本では先行に11，一致と遅行に9つを採用しています。なお，先行系列の最終需要財在庫率指数，鉱工業生産財在庫率指数，遅行系列の完全失業率は，指標の低下が景気の好転を示す逆サイクル系列の指数です。

なぜ，景気動向指数にはDIとCIの2つがあるのかというと，かつてDIを使用していたのですが，景気変動の大きさや量感を把握することがより重要になっていることから，CIを中心の公表形態に移行しました。しかし，DIも景気の波及度を把握するための重要な指標なので，参考指標として引き続き，作成・公表しています。先にも触れましたが，DIは景気動向の方向性を示すものですから，DIの先行系列は景気の予知のために，遅行系列は景気の転換点を確認するために必要です。

それでは，表7-2をもとに作成・公表されたCIとDIの先行指数，一致指数，遅行指数を見てみましょう。DIもCIも先行，一致，遅行の各指数の意味がわかると思います。図7-3のCIでみていくと指数の値の動き方は先行指数が上昇すると，その数ヵ月後に一致指数が上昇し，その後に遅行指数が上昇していきます。急激な景気変動の例として，リーマン・ショックがありますが，先行

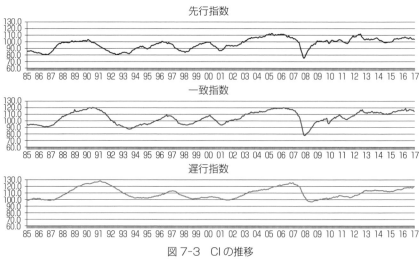

図7-3　CIの推移

(注) 外れ値処理がなされている数値であり，2010年＝100である。
(出所) 内閣府ホームページより筆者作成

指数や一致指数が急激な値の低下をする一方で，遅行指数はなだらかな値の低下をしています．

図7-4のDIではちょっと見にくいかもしれません．DIそのものが0〜100の値をとるのが理由です．しかし，良くみてみると，CIと同じく，先行指数が上昇すると，その数ヵ月後に一致指数が上昇し，その後になだらかな動きで遅行指数が上昇する傾向をみることができます．

内閣府の景気動向指数研究会では，どのように景気判断をしているのでしょうか．一応，DIが50％以上かどうかを目安にして判断しているようです．各部門間での数値のばらつきが目立っているため，景気局面を判断するに当たって大半の部門に景気変動が波及しているかどうかを確認するようにしています．

景気変動にはある程度の振幅があるために，経済活動水準の低下が下げ止まっても，上昇を示さなければ，景気拡張に転じたとはいえないとしています．また，経済活動の落ち込みが軽く，高水準を維持している場合には，景気は後退したとはいわずに，「景気は踊り場にある」という表現を用いています．こ

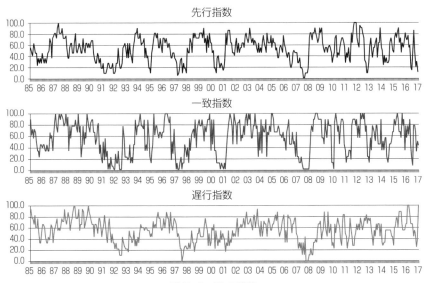

図7-4　DIの推移

（出所）図7-3に同じ

の表現は，階段を上っているときに踊り場で一休みするのと同じで，良くなりつつある景気が一休みしているという意味です。

時系列で並べたCIやDIをみていくと，表7-1の景気基準日付の決定が明確になってきます。第12循環から第14循環を表7-1，図7-3，図7-4をながめながら，みてみましょう。

景気の方向性を示すのがDIでした。DIの一致指数をみると，第12～14循環を確認することができます。また，景気の量感を示すのがCIでした。これも，CIの一致指数をみると，各循環を確認することができます。

このように，景気動向指数DIとCIを利用することによって，景気の谷と山が判断されています。

(3) 景気動向指数を使った景気判断[1]

それでは，この景気動向指数を用いて，どのように景気を判断したらいいのでしょうか。ここでは，岩田規久男（2008）で紹介されている，DIの一致指数とCIの先行指数を加工した景気動向の指標の組合せで，景気の判断を行ってみようと思います。

CIの先行指数を加工した景気動向の指標とは，CIの先行指数の対6カ月前

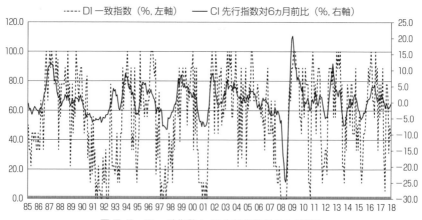

図7-5　DI一致指数とCI先行指数対6カ月前比

(出所) 図7-3に同じ

比（％）です。この指標の導出は非常に簡単で，CI 先行指数は 2011 年 1 月が 101.6，2011 年 7 月が 102.7 なので，2011 年 7 月の CI 先行指数の対 6 カ月前比は約 1.1 となります。CI の先行指数の対 6 カ月前比は DI の一致指数ときわめてよく似た動きをします。これを示したのが図 7-5 です。第 12 循環から第 14 循環を図 7-5 でみていけば，景気動向研究会の発表を待たずに，CI 先行指数対 6 カ月前比を用いて景気の判断をすることができることに納得がいくと思います。

　第 12 循環と第 13 循環では，景気の山の時点では，DI 一致指数は 2 カ月連続で 50％を割っていません。しかし，1 カ月おきに 50％を割っています。第 14 循環では，景気の山の時点では，DI 一致指数は山を挟んで 50％を割っています。一方，CI 先行指数対 6 カ月前比は，どの景気後退期でも，景気後退が始まってから 2 カ月以内には，2％以上の大きさで低下しています。

　では，DI 一致指数と CI 先行指数対 6 カ月前比の動きをもとに，第 14 循環の谷と山の判断をみていきましょう。第 14 循環の谷（つまり，第 13 循環の谷）とされる 2002 年 1 月の 2 カ月後，DI 一致指数は 50％を超えていて，CI 先行指数対 6 カ月前比はプラスに転じています。第 14 循環の山とされる 08 年 2 月は，非常に判断がしにくい状況です。CI 先行指数対 6 カ月前比は，2007 年 6 月からマイナス値を取り続けています。景気判断は DI 一致指数でなされたと思われ，2007 年 5 月の 2 カ月後以降，50％を割ることが多くなっています。そして，第 14 循環の谷（第 15 循環の谷）とされる 09 年 3 月の 2 カ月後には，DI 一致指数が 50％以上になり，CI 先行指数対 6 カ月前比も 3 カ月後にプラスに転じます。

　ところで，2006 年 7 月から CI 先行指数対 6 カ月前比が 5 カ月間，マイナス値を取っていますが，ここが景気の山となることはありませんでした。その理由は，DI 一致指数が連続して 50％を超えていたからです。このようにして，景気の山と谷は判断されていると思われます。

全国企業短期経済観測調査（短観）

(1) 短観とは何か

　全国企業短期経済観測調査（短観） は日本銀行の金融政策の判断材料のひとつであり、日本の景気動向を把握することを目的にした日本銀行による調査です。調査内容に速報性があり、サンプル数が十分にあり、調査書の回収率が高いことが主な特徴です。海外のエコノミストなどにも "TANKAN" として知られ、金融市場や為替市場などで注目されている統計です。調査時期は3月、6月、9月、12月で、それぞれの結果が4月、7月、10月、12月に公表されます。ただ、短観の集計結果は、単に調査対象企業からの回答を集計しただけで、日本銀行の景気判断や予測を示すものではない、ということに注意が必要です。

(2) 調査項目

　調査対象企業は、金融機関を除いた全国の資本金2000万円以上の民間企業（約21万社）を母集団として、そのなかから一定の基準をもとに抽出した全国の約1万社です。集計公表は、日本標準産業分類による31業種（製造業17業種、非製造業14）の業種区分と、資本金を基準とした3区分（大企業、中堅企業、中小企業）の規模区分で行われるため、31×3＝93層にわたっています。さらに、短観を補完する目的で金融機関に対しても調査を行っています。調査対象企業は金融業を5つの業態（銀行業、協同組織金融業、金融商品取引業、保険業、貸金業）に区分して行っています。

　短観の調査項目は (1) **判断項目**、(2) 年度計画、(3) 物価見通し、(4) 新卒者採用状況の4種類あります[2]。また、補完的に行われる金融機関への調査の項目は、これよりも数が少なくなっています[3]。

(3) 業況判断 DI

　短観のなかでも注目度の高いものが**業況判断 DI** です。この DI は以下のように算出されています。まず、調査対象企業が ①良い、②さほど良くない、

表 7-3　日本標準産業分類による 31 業種

製造業	繊維 木材・木製品 紙・パルプ 化学 石油・石炭製品 窯業・土石製品 鉄鋼 非鉄金属 食料品 金属製品 はん用機械 生産用機械 業務用機械 電気機械 造船・重機, その他輸送用機械 自動車 その他製造業	非製造業	建設 不動産 物品賃貸 卸売 小売 運輸・郵便 通信 情報サービス その他情報通信 電気・ガス 対事業所サービス 対個人サービス 宿泊・飲食サービス 鉱業・採石業・砂利採取業

（出所）日本銀行ホームページより

表 7-4　資本金基準による企業区分

企業区分	資本金
大企業	10 億円以上
中堅企業	1 億円以上 10 億円未満
中小企業	2000 万円以上 1 億円未満

（出所）表 7-4 に同じ

表 7-5　業況判断 DI の計算方法

	回答数	回答数構成百分比
①	50	50％
②	30	30％
③	20	20％
合計	100	100％

業況判断 DI＝50％－20％＝30％ポイントとなる

③悪いの3つから選んだ回答数を単純集計し，回答数の全回答数に対して構成比百分比を算出したあとに，構成比百分比の①良いから③悪いを差し引きます（表7-5）。

図7-6は規模別・業種別の業況判断DIの推移を示しています。折れ線グラフだけをみると，景気動向指数のCIと似た動きをしていると思います。資本金の規模は問わず，製造業の業況判断DIの山と谷は，景気の山と谷とほぼ一致しています（表7-1を参考にしてください）。業況判断DIの数値は客観的な定量数値に基づく実勢の数字などではなく，あくまでも各企業の主観的要素による数字です。アンケート回答者の実感が数字に表れますので，その時の心理も

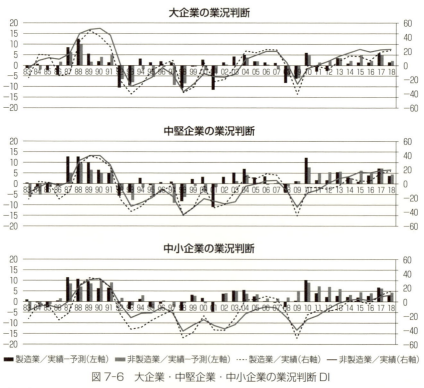

図7-6　大企業・中堅企業・中小企業の業況判断DI
（出所）日本銀行ホームページより筆者作成

数字を左右します。しかし，経営者の判断結果で，単純に思われる調査ですが，過去の結果を見ると，この指標の重要性が理解できます。

　ちなみに，一般に重要度が高いとされているのは，大企業・製造業の業況判断 DI だといわれています。もちろん，経済全体を分析するには，非製造業や中堅・中小企業の結果にも注目することが大切です。そのほか，実績値と前回の予測値との関係も重要です。前回の調査結果と比較すれば，企業の経営者の景況感がどのように変化しているのかがわかります。このことから，実績値から予測値を差し引いた値（図 7-6 中の棒グラフ）がプラスとなれば，景気は予想以上に良く，マイナスになれば，予想以上に悪いと判断できることになります。

　最後に，景気についてよくいわれていることを紹介しましょう。経済的問題の背景には，景気が関係することが多いということです。景気が企業の売上げ，労働者の所得，財政収支や都市圏・地方圏の人の流れなどに影響することはいうまでもなく，社会全体へのさまざまな問題へと影響を及ぼします。

　また，景気の問題は，非常にあいまいな部分が多くあるということです。たとえば，「法則性はあるけれど，機械的ではなく」，「予測は当たることもあれば，外れることもあり」，「理論的・分析的に接近することはできても，偶発的な要素もあり」，「景気の状態を統計的につかむことはできても，時には今景気がどうなっているかについての意見が分かれることもある」ということです。将来の景気はある程度，展望することは可能なので，多くのエコノミストや民間の経済関係の研究所がそれぞれの見通しを発表します。これらの見通しを参考にする，しないの選択肢もありますが，自分なりの判断を加えていく必要があるでしょう。

【考えてみよう】

1. 表7-1の各景気循環ではどのような経済的背景があったのか調べてみよう。
2. 表7-2の先行系列，一致系列，遅行系列のそれぞれがどのようなものなのかを調べてみよう。
3. 前年同月比，前月比，季節調整値と原数値などはどのようなものなのか調べてみよう。
4. リーマン・ショックなどの金融危機が生産活動などに影響を与えています。結果的に，景気にも影響を与えていますが，なぜなのかを考えてみよう。
5. 景気は常に変動しています。本章で述べた景気の現状もすぐに古くなります。これを読んでいるその時点において，景気はどのようになっているのか，調べてみましょう。

● 注

（1）図からは読み取れないかもしれないので，数値を以下の表で具体的に示すことにします。本文を読む参考にして下さい。

年／月	96/1	2	3	4	5	6	7	8	9	10	11	12
CIの先行指数の対6カ月前比(%)	6.3	6.0	5.5	6.0	3.9	2.4	3.9	3.1	3.0	4.0	2.8	2.3
DI一致指数	77.8	66.7	55.6	66.7	66.7	55.6	66.7	66.7	88.9	100.0	100.0	100.0
年／月	97/1	2	3	4	5(山)	6	7	8	9	10	11	12
CIの先行指数の対6カ月前比(%)	1.3	0.9	-0.7	-3.6	-1.5	-1.9	-2.3	-2.9	-1.9	-3.0	-7.4	-7.2
DI一致指数	88.9	83.3	94.4	16.7	50.0	27.8	72.2	33.3	0.0	11.1	0.0	0.0
年／月	98/1	2	3	4	5	6	7	8	9	10	11	12
CIの先行指数の対6カ月前比(%)	-7.6	-7.8	-8.4	-8.4	-4.8	-5.1	-4.8	-4.0	-3.0	-3.0	-1.8	-0.7
DI一致指数	11.1	22.2	0	11.1	11.1	44.4	33.3	22.2	38.9	11.1	55.6	33.3
年／月	99/1	2	3	4	5	6	7	8	9	10	11	12
CIの先行指数の対6カ月前比(%)	-0.4	0.6	3.7	7.5	4.9	7.2	8.6	7.6	5.3	4.7	5.5	4.5
DI一致指数	61.1	66.7	72.2	55.6	88.9	38.9	72.2	83.3	88.9	77.8	77.8	88.9
年／月	00/1	2	3	4	5	6	7	8	9	10	11(山)	12
CIの先行指数の対6カ月前比(%)	4.8	5.1	3.3	3.5	3.2	2.9	1.5	2.2	3.2	1.7	1.8	1.5
DI一致指数	77.8	50.0	77.8	66.7	77.8	88.9	88.9	100.0	33.3	88.9	44.4	88.9
年／月	01/1	2	3	4	5	6	7	8	9	10	11	12
CIの先行指数の対6カ月前比(%)	-1.9	-3.2	-5.0	-6.0	-5.8	-7.5	-6.0	-6.5	-7.5	-7.4	-7.1	-6.0
DI一致指数	33.3	33.3	11.1	11.1	11.1	11.1	0.0	11.1	5.6	0.0	11.1	0.0
年／月	02/1	2	3	4	5	6	7	8	9	10	11	12
CIの先行指数の対6カ月前比(%)	-2.8	-1.2	4.1	7.2	9.1	8.5	7.0	6.7	2.9	1.8	-0.4	-0.9
DI一致指数	33.3	55.6	77.8	88.9	100	88.9	77.8	44.4	100	88.9	77.8	44.4

年／月	06/1	2	3	4	5	6	7	8	9	10	11	12
CIの先行指数の対6カ月前比(%)	3.4	3.6	2.4	2.8	1.4	−0.1	−1.6	−0.9	−0.3	−2.0	−1.1	0.3
DI一致指数	100.0	88.9	66.7	66.7	66.7	66.7	77.8	72.2	61.1	61.1	55.6	66.7

年／月	07/1	2	3	4	5	6	7	8	9	10	11	12
CIの先行指数の対6カ月前比(%)	1.5	0.5	0.9	1.1	0.0	−0.4	−0.7	−3.3	−3.7	−2.3	−3.9	−4.0
DI一致指数	50.0	55.6	33.3	66.7	77.8	88.9	44.4	44.4	44.4	66.7	44.4	50.0
年／月	08/1	2(山)	3	4	5	6	7	8	9	10	11	12
CIの先行指数の対6カ月前比(%)	−3.5	−1.5	−2.4	−3.8	−2.5	−3.1	−4.2	−6.4	−5.6	−11.5	−16.5	−18.9
DI一致指数	22.2	66.7	22.2	22.2	11.1	11.1	22.2	11.1	0.0	0.0	0.0	0.0
年／月	09/1	2	3(谷)	4	5	6	7	8	9	10	11	12
CIの先行指数の対6カ月前比(%)	−23.9	−24.7	−22.2	−13.3	−4.5	4.1	13.8	19.9	20.7	17.9	13.4	11.0
DI一致指数	0.0	0.0	0.0	22.2	66.7	77.8	66.7	88.9	88.9	100.0	100.0	100.0
年／月	10/1	2	3	4	5	6	7	8	9	10	11	12
CIの先行指数の対6カ月前比(%)	10.2	7.0	8.0	7.0	6.7	5.2	3.7	5.0	0.4	−1.6	0.1	−0.3
DI一致指数	88.9	88.9	88.9	88.9	55.6	55.6	44.4	88.9	66.7	55.6	88.9	77.8

年／月	18/1	2	3	4	5	6	7	8	9	10	11	12
CIの先行指数の対6カ月前比(%)	0.8	−0.4	−1.7	−0.1	−0.7	−1.9	−1.7	−1.2	−0.5			
DI一致指数	44.4	22.2	5.6	77.8	77.8	66.7	31.3	50.0	42.9			

(出所) 内閣府ウェブページより筆者作成

（2） 4つの項目のそれぞれは以下の通りです。
　判断項目：業況，国内での製商品・サービス需給，海外での製商品需給，製商品在庫水準，製商品の流通在庫水準，生産・営業用設備，雇用人員，資金繰り，金融機関の貸出態度，社債の発行環境，借入金利水準，販売価格，仕入価格
　年度計画：売上高，輸出，輸出に際しての為替レート，営業利益，経常利益，当期純利益，設備投資額，土地投資額，ソフトウェア投資額，研究開発投資額
　物価見通し：販売価格の見通し，物価全般の見通し
　新卒者採用状況：新卒採用者数（6月，12月調査のみ）
（3） 金融機関への調査項目は以下の通りです。
　判断項目：業況，営業用設備，雇用人数
　年度計画：設備投資額，土地投資額，ソフトウェア投資額，研究開発投資額
　新卒者採用状況：新卒採用者数（6月，12月調査のみ）

◆ 参考文献

- 岩田規久男（2008）『景気ってなんだろう』筑摩書房
- 小峰隆夫（2008）『最新 日本経済入門（第3版）』日本評論社
- 坂田豊光（2010）『初めてでも読み解ける！「経済指標」の見方・読み方決定版』すばる舎
- 妹尾芳彦・桑原進（2003）『経済指標を読む技術 統計データから日本経済の実態がわかる』ダイヤモンド社
- 塚崎公義（2010）『初心者のための 経済指標の見方・読み方』東洋経済新報社

【参考webサイト】

- http://www.stat.go.jp/（総務省統計局）
- http://www.cao.go.jp/（内閣府）
- http://www.boj.or.jp/（日本銀行）
- http://dictionary.goo.ne.jp（goo 辞書）

Part II 経済と社会

経済発展と国民生活
日本経済のあゆみ

第8章

　歴史を学ぶことは現在(いま)を知ることに他なりません。戦後日本経済のあゆみを概観し，現在の日本経済のより深い理解に繋げていくこと，これが本章のねらいです。

　ここでは，戦後復興期から21世紀段階の今日まで，日本経済の発展の軌跡をその時折の国民生活のありようと重ねつつ考察していきます。日本は，GHQの占領政策に基づく経済運営で戦後の経済復興を終え，55～70年の15年間にわたって年平均10％の経済成長を達成し，国民経済の水準が欧米先進国レベルに到達しますが，その成長のダイナミズムを具体的な数値や事例をまじえて説明します。そして，国際経済環境の変化に翻弄されつつ，それに適応していく70年代80年代，さらに90年代と日本経済のありようを概観的にみていくとともに，現在の日本経済が抱える課題も少しく考えてみます。

キーワード

経済民主化，傾斜生産，ドッジ・ライン，ブレトンウッズ体制，第1次高度経済成長，三種の神器，都市化，核家族化，国民所得倍増計画，大衆消費社会，第2次高度経済成長，公害，3C，列島改造ブーム，安定成長，石油ショック，狂乱物価，構造不況，プラザ合意，バブル崩壊，金融の自由化，不良債権，金融危機，アベノミクス，格差

1 『経済白書』／『経済財政白書』のサブタイトルが語るもの

　日本政府は，毎年，日本経済の状況を分析し，どのような政策をとるべきか診断と処方箋を『白書』で発表しています。それは，2000（平成12）年度までは経済企画庁から『経済白書（年次経済報告）』として，2001（平成13）年度からは内閣府から『経済財政白書（年次経済財政報告）』として出されています。

　『白書』には，各年度の日本経済の状況を端的に表現するサブタイトルがついています。たとえば，1953年のサブタイトル「自立経済達成の諸条件」は，経済復興を成し遂げた日本経済の状況を，1956年の「日本経済の成長と近代化」は本格的近代化を求めて経済が成長軌道に乗ろうとしている状況を表現しています。そして，1960年の「日本経済の成長力と競争力」，1966年の「持続的成長への道」は，日本経済が高度成長の道をひた走っていた状況を反映しています。1970年代に入ると，石油ショックに直面してそれまでの高度成長の軌道は修正を余儀なくされます。1974年の「成長経済を超えて」はそれを示

表8-1　『経済白書』／『経済財政白書』のサブタイトル

年	サブタイトル	年	サブタイトル
1952（昭和27）年	独立日本の経済力	1980（昭和55）年	先進国日本の試練と課題
1953（昭和28）年	自立経済達成の諸条件	1984（昭和59）年	新たな国際化に対する日本経済
1956（昭和31）年	日本経済の成長と近代化	1986（昭和61）年	国際的調和をめざす日本経済
1957（昭和32）年	速すぎた拡大とその反省	1988（昭和63）年	内需型成長の持続と国際社会への貢献
1960（昭和35）年	日本経済の成長力と競争力	1990（平成2）年	持続的拡大への道
1964（昭和39）年	開放体制の日本経済	1993（平成5）年	バブルの教訓と新たな発展への課題
1966（昭和41）年	持続的成長への道	1995（平成7）年	日本経済のダイナミズムの復活を目指して
1968（昭和43）年	国際化のなかの日本経済	1999（平成11）年	経済再生への挑戦
1971（昭和46）年	内外均衡達成の道	2002（平成14）年	改革なくして成長なし
1974（昭和49）年	成長経済を超えて	2006（平成18）年	成長条件が復元し，新たな成長を目指す日本経済
1977（昭和52）年	安定成長への適応を進める日本経済	2009（平成21）年	危機の克服と持続的回復への展望

唆しています。さらに，1980年代になると「国際的調和をめざす日本経済」（1986年）というように，日本は，欧米先進国との深刻な通商摩擦に直面するようになり，「内需型成長の持続と国際社会への貢献」（1988年）が政策目標となってきます。こうした自由化・国際化が進展するなかで，1980年代半ばに日本経済はバブルに突入します。1990年代になるとついにバブルが崩壊し，「バブルの教訓と新たな発展への課題」（1993年）を背負い込むことになります。その後，日本経済はバブル崩壊の後遺症から回復することができず，長期の不況に悩まされつつ，「経済再生への挑戦」（1999年）が求められることになります。21世紀に入ると，日本経済は2002年以降，景気は回復基調になり，「改革なくして成長なし」（2002年）のスローガンの下でさまざまな規制緩和が行われました。

　このように，『経済白書』/『経済財政白書』のサブタイトルは，それぞれの時期の日本経済のありようを映し出しています。そして，そのなかで頻繁に登場する言葉は「成長」です。第1回の『経済白書（経済実相報告書）』が発表された1947（昭和22）年から2010（平成22）年の『経済財政白書』までの64冊のサブタイトルで，「成長という言葉」は17回出てきます。そのことは戦後の日本経済がいかに「成長」を軸に展開してきたかを物語っています。

経済の復興過程

（1）終戦直後の状況

　第2次世界大戦とその敗戦（1945年）で，日本経済は破壊的打撃を被りました。確かに道路・港湾などの社会資本，個々の企業の生産設備の被害は甚大なものでした。とはいえ，1935年の国富に対する1945年の国富が1.13倍あり，船舶や建築物，諸車などはマイナスを記録したものの，全体としてみれば終戦時の国富が戦前水準を若干上回っていたことも事実です⁽¹⁾。

　しかしながら，船舶の被害からもわかるように原燃料は極度に不足し，わが国の生産能力は大幅に低下していました。そして，農業生産の減少は大きく，それまで本土の食糧需要の相当な部分を満たしていた旧植民地からの食糧供給

がなくなったことや，海外引揚者や復員兵など約700万人が帰国してきたこと等の事情も加わり，食糧不足は極めて重大な社会問題となっていました。

駅周辺や人通りの多い焼け跡の広場には闇市が開かれ，そこでは握り飯やフカシ芋，毛布，手袋，ろうそくなどいろいろなモノが売られました。都市の住民たちは，配給制がなくなると，食料を求めて農村へ買い出しに出かけ，戦災から免れた衣料を食料と物々交換し，細々としたその日暮らしを続けました。国民は，まさに皮を一枚ずつはぐような「竹の子生活」を余儀なくされていたわけです。そして，そうしたモノ不足のなかで統制経済（物価統制）が解除され，さらに軍部から支払うことになっていた臨時軍事費が戦後急に支出されたことで通貨が急膨張して猛烈なインフレが昂進して，国民の暮らしは極度に圧迫されました。

(2) 経済の民主化

そのような状況のなかで，GHQ（連合国軍最高司令官総司令部）の指示によって，民主化のためのいくつかの措置がとられます。すなわち，①戦前の地主制度の解体・自作農創設をねらった**農地改革**，②**労働の民主化**，③**財閥解体と独占禁止政策**の3つです。

この①②の改革は，農民の生産意欲を高め，労働者の労働条件の改善を促すなど，復興意欲を喚起したといえます。さらに，③は企業間競争を活発化させました。そして，設備の近代化・資本蓄積の推進を目的とした「企業合理化促進法」（1952年）の施行や種々の租税特別措置などの政府の施策とあいまって，先進国の進んだ技術の導入を活発化させることになり，その後の経済成長に大きな役割を果たすことになります。

(3) 傾斜生産方式とドッジ・ライン

当時の日本経済は，石炭（エネルギー源）の不足，諸産業の工場・設備の補修や増設に必要な鉄鋼資材の不足に直面していました。このため，政府は，あらゆる努力を石炭増産に集中し，石炭の生産量を重点的に鉄鋼生産に投入する方策をとりました。そして，その増産された鉄鋼鋼材を今度は石炭増産用に振り向け，さらに段階的に他の産業に波及させる（肥料の増産や米の増産にも及ぼす）

表 8-2 主要経済指標が戦前水準を超えた年度

(戦前基準は 1934-36 年平均)

指 標	戦前水準を超えた年	戦前水準の2倍に達した年	戦前戦時の最高を超えた年
工業生産	1951	1957	1955
実質国民総生産	1951	1959	1954
〃 設備投資	1951	1956	1957
〃 個人消費	1951	1960	1952
〃 輸出等受取	1975	1963	1960
〃 輸入等受取	1956	1961	1959
〃 1人当り国民総生産	1953	1962	1957
〃 個人消費	1953	(1964)	1956
〃 就業者1人当り生産性	1951	(1962)	

(出所) 安藤良雄編『近代日本経済史要覧 (第2版)』東京大学出版会, 1979 年, p.154

という**傾斜生産**方式を実施して鉱工業の生産力の回復を目指しました。このために必要な資金確保のために,復興金融公庫を発足させました。しかし,その結果,大量の資金が政府の日銀からの借り入れによる通貨発行によって調達されたため,インフレを激化し安定的な経済再建の軌道には乗りませんでした。

1949 年に,デトロイト銀行頭取のジョセフ・ドッジ (Dodge, J. M.) が来日し,均衡予算の実現,徴税の強化などの**経済安定化策**を実施します。この経済の健全なる復興と安定的発展をめざしたこの**ドッジ・ライン**によって,ようやくインフレは収束に向かいました。日本経済は,ドッジ・ライン実施にともなう反動的不況を経験しますが,1950 年に勃発した朝鮮戦争が米軍による物資買付などの特需 (**朝鮮特需**) をもたらし,それは日本経済が本格的に立ち直る契機となりました。

その後,経済復興は速やかに進みました。化学肥料や繊維などの生産の急増をみるとともに,鉄鋼・電力・石炭・海運などの基幹産業においても,生産能力を拡大するための設備投資が活発化しました。その結果,鉱工業生産の水準は 1950 年代に入ると戦前水準を越え,実質国民総生産も 1951 年には戦前の水準に到達しました。また,消費者の衣食状態も改善し,1953 年頃には,1人当たり消費水準も戦前の水準を上回るようになりました。

3 高度経済成長の構図

(1) 高度経済成長の要因

日本経済は1955（昭和30）年頃から1970年代初頭まで，年平均実質10％以上の成長を続けました。日本経済が，欧米先進国には例を見ないこのような高い成長率を示した背景には次のことがあげられます。

- **急速な技術革新**……欧米で広く普及していた技術革新の波が1955年前後一挙に押し寄せ，設備投資の近代化が図られ，生産性が大幅に上昇したこと。
- **活発な設備投資**……技術革新のための設備投資が他部門の投資を刺激して「投資が投資を呼ぶ」状態になったこと。
- **若年労働力の供給**（とくに前半）……都市工業部門へ若年労働者が農村より豊富に供給されたこと。
- **消費需要の高まり**……所得水準の上昇により国内市場が急速に拡大したこと。また，さまざまな新しい耐久消費財への需要が増え，生産や投資活動に大きな刺激を与えたこと。

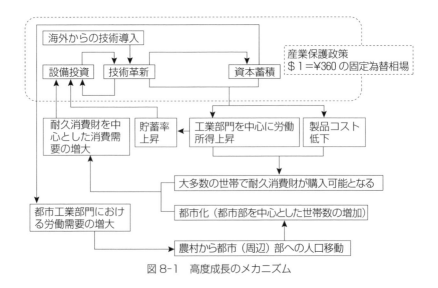

図8-1 高度成長のメカニズム

- **産業資金の供給**……政府が企業の設備近代化に必要な資金を，低利子で財政資金から貸し付けたこと，そして，銀行が国民の高い貯蓄率に支えられて，設備投資資金を大量に供給できたこと。
- **産業保護政策**……政府が産業の発達に必要な原材料や機械の輸入は許可しつつ，国内で生産された製品と競争関係にある外国製品の輸入を認めない政策（幼稚産業保護）をとったこと。
- **国際環境**……国際環境が経済成長に有利に働いたこと。石油などの原材料が比較的安価で豊富に輸入でき，さらに，**ブレトンウッズ体制**下で1ドル＝360円の固定為替相場が1949年以降1971年まで続いたこと[2]。

これらの要因の諸要因は，相互に関連しあい他の先進諸国に例を見ない長期の高度成長を可能にしました。

(2) 高度成長の過程

高度経済成長期は，**第1次高度経済成長期**（1955～64年）と**第2次高度経済成長期**（1966～70年）に分けられます。前者の経済成長の性格を**設備投資主導型**，後者のそれを**輸出主導型**と呼ぶことがあります。

1) 第1次高度経済成長期（1955～64年）

1956年の『経済白書』では，総論の結びで「もはや戦後ではない」と宣言しました。技術革新の機運が高まり，民間設備投資は加速します。これによって所得と消費の増大が誘発され，**神武景気**と呼ばれる好況がもたらされました。消費の内容も質的な変化を遂げていきます。衣料を例に挙げれば，綿製品・羊毛製品といった天然繊維から，ナイロン・テトロンなどの合成委繊維の開発が進み，生活を一変させました。

しかし，こうした民間の生産資本の増大のテンポに社会資本の拡充が追いつかず，ボトルネック現象が起こりました。国鉄（現JR）の貨物輸送力は立ち遅れ，輸送道路の未整備が重なり，港湾の荷役能力不足が表面化します。いたるところに滞貨の山ができ，さらに外貨危機も到来します。当時の日本の外貨準備は20億ドルで，景気がよくなると輸入が増加し，外貨準備が急激に減っていき

160　Part Ⅱ　経済と社会

表 8-3　高度成長期の経済成長率の推移

年次	経済成長率		民間設備投資対前年増加比(%)	法人所得	1人当り国民総支出	
	名目(%)	実質(%)		国民所得(%)	名目(千円)	実質(千円)
1953	12.7	6.3	15.7	9.1	81.5	169.3
54	10.9	5.8	4.3	9.8	89.5	176.6
55	10.1	8.8	△3.2	7.9	96.9	189.9
56	12.8	7.3	39.0	8.7	108.2	201.6
57	14.0	7.5	25.1	12.1	122.2	214.8
58	4.0	5.6	△4.7	10.5	125.9	224.8
59	12.2	8.9	16.9	10.6	139.9	242.5
1960	19.8	13.3	40.9	14.4	166.2	272.4
61	23.5	14.5	36.8	14.4	203.4	309.1
62	10.9	7.0	3.4	13.3	223.4	327.7
63	15.4	10.5	5.3	12.0	255.3	358.4
64	18.1	13.1	20.0	12.3	298.5	401.3
65	10.5	5.1	△6.4	10.6	326.3	417.4
66	15.2	9.8	11.6	11.2	372.5	454.1
67	18.3	12.9	27.3	12.8	436.5	507.8
68	18.4	13.4	27.5	14.3	411.0	569.4
69	15.6	10.7	21.1	14.7	584.0	623.0
1970	18.5	10.9	14.7	15.5	684.1	683.1
71	12.1	7.4	4.5	13.9	757.2	724.3
72	14.3	9.1	5.6	12.5	849.4	775.3

（注）△はマイナス
（資料）表 8-2 に同じ，p. 164 より作成

ました。政府は，金融引き締めをはじめ景気抑制策の実施を余儀なくされました。このように国際収支の問題が景気を制約する状況を**国際収支の天井**と呼んでいます。この政府の政策デフレと外貨危機の打開によって，景気は下降しました。あまりの好況の反動で不況は長期化すると予想されましたが，不況は長く続くことはありませんでした（**なべ底不況**）。

　1958 年から始まった景気拡大は，合成繊維や合成樹脂が多彩な工業段階に移り，岩国，新居浜，四日市，川崎に巨大な**コンビナート**が形成され，日本は

重化学工業化の道を突き進みます。また，製鉄業界のストリップ・ミル（厚い鉄板を薄く延ばす機械）に代表されるように，生産工程の一貫化，連続化，高速化が進みました。そして，各産業間の「投資が投資を生む」効果が重なり合って，投資ブームが起きました。この好況は**岩戸景気**と呼ばれています。

しかし，この岩戸景気も1961年12月に終りを迎えます。景気拡大の継続期間は42ヵ月に達しました。景気後退の原因は，神武景気と同じく，インフラの未整備と国際収支の悪化による金融引き締め策の発動でした。景気後退の程度は軽微で，東京オリンピックを控えて関連工事が内需を支え，企業や国民の景況感を明るくしました（**オリンピック景気**）。オリンピックが終わる頃，国内景気は後退し始めました。翌1965年になると不況の自律的進行は極めて深刻になり，いわゆる40年不況に陥ります。日銀は，無利子・無担保の日銀特別融資によって山一證券を救済。政府は戦後一貫して維持してきた**均衡財主義**の軌道修正を行い，**戦後初めての国債発行**で景気の梃入れを図りました。

第1次高度経済成長はこのように経過します。岩戸景気に沸く1960年に池田内閣は**「国民所得倍増計画」**を打ち出しました。これは物価上昇分を考慮した国民1人当たりの実質所得を10年間で2倍にするというもので，このためには年間7％のGNP成長率が必要でした。しかし，当時の日本経済は2桁の成長を続けており，わずか数年でこれを達成することになります。

2) 第2次高度経済成期（1966～70年）

「昭和40年不況」を克服した日本経済は，1970年7月まで息の長い好況を経験します。57ヵ月にわたるこの好況は**いざなぎ景気**と呼ばれました。国内ではさまざまな耐久消費財が普及していきます。そして，対外的には造船，鉄鋼，テレビ，トランジスタ・ラジオ，トラックなどが国際競争力をつけ，貿易黒字が持続できるようになり「国際収支の天井」は取り払われます。この期の特徴は，積極的な設備投資に牽引されていた第1次高度経済成長に比べて，輸出の伸長に負うところが大きいところから輸出主導型といわれることがあります。

明治以来の悲願であった欧米諸国へのキャッチ・アップはついに成就し，GNPは世界第2位となりました。しかしながら，公共部門や外部経済の整備拡充も立ち遅れ**公害問題**が顕在化したのもこの頃でした。一方アメリカとの間

の通商摩擦も激しさを増していきます。このいざなぎ景気（第2次高度経済成長）は，大阪で開かれた万国博覧会が終わると，景気後退色が明確になり，戦後15年にわたる高度経済成長は終わりを告げることになります。

(3) 高度成長と国民生活
1) 人口移動と都市化・核家族化

①**人口移動**　日本国民の1人当たり消費についていえば，敗戦直後60％にも達していた**エンゲル係数**も1955年には戦前水準を超え40％半ばまで低下しました。

人々の生活は，衣食などの基礎的な面では戦前の水準に回復して，ようやく落ちつきを取り戻していました。とはいえ，地域間のあるいは国民階層間の所得格差も大きいものがありました。経済民主化によって財閥家族や大地主などの他と隔絶した富裕家層は一掃されたものの，なお都市と農村，大都市と中・小都市の間には大きな所得格差がありました。そうした地域間の所得格差は人口移動を引き起こすことになります。とくに，高度成長が始まり工業部門の労働力需要が増大すると，農村部から都市部への大規模な人口移動が起こりました。それは「民族大移動」と形容されるような大変化でした。こうして，工業部門に農村部から若年労働者が豊富に供給されたことが，高度成長を支えた要因のひとつであったことは図8-1に示した通りです。

人口動態をみれば，1955～60年にかけて全国47都道府県（沖縄を含む）のうち26県で人口が減少しています。人口減少が著しかったのは，四国，九州，山陰，東北，北関東であり，反対に人口増加が著しかったのは，東京，神奈川，大阪，愛知といった大都市でした。1960～65年においても，25県で人口が減少し，大都市圏で人口増加がみられました。また，この頃になると，東京周辺

表8-4　エンゲル係数の推移

年	1950	1955	1960	1965	1970	1975	1980	1985	1990	1995	2000
エンゲル係数	57.4	47.4	41.6	38.1	34.0	31.6	29.0	27.0	25.4	23.7	23.3

やっと生活できる状態(50)　　ややゆとりのある生活状態(30)　　ゆとりある生活状態(25)

（資料）総理府統計局「家計調査」より作成

の埼玉・千葉，大阪周辺の奈良，愛知周辺の三重で人口増加がみられ，大都市地域が拡大しています。1965～70年においては，大都市中心部の人口増加は頭打ちになり，周辺部の人口増加が顕著になります（**ドーナツ化現象**）。この地域間人口移動は，都市部の人口の社会増（流入と流出の差）をもたらしますが，それは同時に都市部の世帯数の増加をしたがって，消費の増大をもたらします。

　②**都市化・核家族化**　大都市地域への人口移動は住宅問題を招来させます。戦後の住宅建設のエポックとなったのは，鳩山内閣が立案した「住宅建設10カ年計画」に基づいて1955年に設立された日本住宅公団による住宅建設でした。もっとも，同公団の賃貸・分譲住宅供給数は，1956～60年累計で15万戸にとどまっており，都市の住宅難が解消されたわけではありません。むしろ，公団の住宅建設の意義は，戦前とは異なる新しい住宅の標準を示した点にあります。住宅公団の建設の理念は，「食寝分離」つまり台所と寝室を分けること，「夫婦は子供とは同室に就寝せざる」ことでした。ここから2寝室にダイニング・キッチンのいわゆる2DKが基本設計となります。この公団による住宅の供給を皮切りに地方自治体・民間ディベロッパーによる宅地の造成，マンション・戸建住宅の建設が進みました。しかし，都市中心部の地価の高騰と過密化の結果，宅地・団地の立地は遠隔化し，近郊に**衛星都市**が形成されました[3]。

2）大衆消費社会の出現

　①**「三種の神器」と「3C」**　民間最終消費は・高度成長期には年率8～10％の持続的な伸びを示しました。総需要に占める比率からみても，民間最終消費は一貫して総需要の増加の50～60％を占め，成長を牽引あるいは下支えしました。高度成長前半の消費の中心，白黒テレビ，電気洗濯機，電気冷蔵庫などの耐久消費財でした。これらは当時**三種の神器**と呼ばれ，電化製品に囲まれたアメリカ流の豊かな生活の象徴として羨望の的でした。

　1960年から65年にかけて，白黒テレビの普及率は44.7％から90％に，電気冷蔵庫は10.1％から51.4％に，電気洗濯機は40.6％から68.5％へと急速に上昇しました。1965年には消費も一時低迷しましたが，66年からはいざなぎ景気のなかで再び消費ブームが起こりました。この時期の消費の中心は，カラーテレビ，乗用車，クーラーといった高価格の耐久消費財であり，当時，3Cと呼

表 8-5 耐久消費財の普及率

年＼項目	「三種の神器」普及率			「3C」普及率		
	電気冷蔵庫	電気洗濯機	白黒テレビ	クーラー	カラーテレビ	乗用車
1957	2.8	20.2	7.8			
58	3.2	24.6	10.4			
59	5.7	33.0	23.6			
1960	10.1	40.6	44.7			
61	17.2	50.2	62.5	0.4		2.8
62	28.0	58.1	79.4	0.7		5.1
63	39.1	66.4	88.7	1.3		6.1
64	38.2	61.4	87.8	1.7		6.0
65	51.4	68.5	90.0	2.0		9.2
66	61.6	75.5	94.4	2.0	0.3	12.1
67	69.7	79.8	96.2	2.8	1.6	9.5
68	77.6	84.8	96.4	3.9	5.4	13.1
69	84.6	88.3	94.7	4.7	13.9	17.3
1970	89.1	91.4	90.2	5.9	26.3	22.1
71	91.2	93.6	82.3	7.7	42.3	26.8
72	91.6	96.1	75.1	9.3	61.1	30.1
73	94.7	97.5	65.4	12.9	75.8	36.7
74	96.5	97.5	55.7	12.4	85.9	39.8
75	96.7	97.6	48.7	17.2	90.3	41.2
76	97.9	98.1	42.2	19.5	93.7	44.0
77	98.4	97.8	38.3	25.7	95.4	48.7
78	99.4	98.7	29.7	29.9	97.7	51.7
79	99.1	99.0	26.9	35.5	97.8	54.6
1980	99.1	98.8	22.8	39.2	98.2	57.2

（資料）内閣府「消費動向調査」より作成

ばれました。カラーテレビは，1964年の東京オリンピックを契機に普及しはじめ，60年代後半に急速に普及して，75年に普及率は90％を超えます。また，1960年代後半の乗用車の普及もまた急速でした。1965年に188万台であった自動車の登録台数は，70年には678万台，75年には1480万台と，ほぼ2世帯に1台の割合で自動車を保有する状況になりました。このモータリゼーション

の進展と並んで，この時期に東名高速など高速道路の建設が進み，都市間を結ぶ高速道路網も整備されていきます。

こうした大量消費時代は，人々の生活パターンを大きく変えました。テレビの急速な普及によって，それまでの活字文化に加えて映像を中心とするテレビ文化が生まれました。また，洗濯機・電気炊飯器などの普及は，家事労働を大幅に削減しました。さらに，1960年代後半から進展したモータリゼーションは，消費の行動を徐々に変えていきます。駅前に並ぶ商店街に代って幹線道路沿いの量販店がしだいにその勢力を拡大していきました。

②消費拡大の構図　こうして国民の消費は大幅に拡大していきますが，その拡大のメカニズムは以下のようなものでした。まず，先述の核家族化が消費拡大効果をもったことです。1955～75年の20年間で人口は24.3%（2,186万人）増加しますが，世帯数は実に77.3%（1,402万世帯）増加しています。一方，世帯家族数は減少し核家族化が進行しています。核家族化により世帯数は増加し，世帯ごとのワンセットの耐久消費財の購入が促されます。

農村部のように，3世代が同居していればひとつで足りた洗濯機や冷蔵庫も，都市に新たな世帯が生まれればもうひとつ必要になるわけです。また，大量消

表8-6　人口・世帯数の推移

年	世帯数総数 （千世帯）	人口総数 （千人）	世帯家族数 （人）	3大都市圏人口 （千人）	東京圏人口 （千人）
1950	16,580	84,114	5.07	25,136	13,050
1955	18,123	90,076	4.97	28,816	15,424
1960	20,859	94,301	4.52	32,691	17,863
1965	24,290	99,209	4.08	37,790	21,016
1970	28,093	104,665	3.73	42,672	24,113
1975	32,140	111,939	3.48	47,163	27,041
1980	36,015	117,060	3.25	49,567	28,698
1985	38,133	121,048	3.17	51,758	30,273
1990	41,035	123,611	3.01	53,683	31,796
1995	44,107	125,570	2.85	54,813	32,576
2000	47,062	126,925	2.07	55,876	33,418

（資料）総理府統計局「国勢調査最終報告書」より作成

映画に見る日本経済

　過去のある時代が舞台の映画は，当時の経済生活のありようをイメージするのに有効です。たとえば，「Always 三丁目の夕日」は高度成長初期の社会が，東京タワーが完成する昭和33年頃の東京下町の風景が描かれています。一人の少女が下町の自動車修理工場に青森から集団就職列車でやって来るところからこのドラマは始まります。大都市圏の労働需要を満たしたものは「金の卵」といわれたこの中卒就業者でした。この少女と自動車修理工場の家族，駄菓子屋の店主，一杯飲み屋の女将など，登場人物が織りなすドラマのなかに当時の社会生活が見えてきます。三種の神器が普及し始めた当時の消費生活のありようも忠実に描き込まれています。また，「幸福の黄色いハンカチ」には，高度成長後半ないしは末期の日本社会の姿が描かれています。武田鉄矢扮する一人の青年が会社を辞め，退職金で購入した新車で，知り合った女性と一緒に，北海道をドライブ旅行します。そして，途中，高倉健扮する炭坑夫を名乗る中年男と知り合い，結局3人で旅をすることになります。この炭坑夫は刑期を終え出所したばかりという秘密をもっています。車とドライブが高度成長のシンボルだとすれば，炭坑は石油に主役の座を明け渡した衰退産業の代表格です。映画のなかにそうした活気を失くした炭坑町の雰囲気を読み取ることができます。

費と「規模の経済」効果との相乗効果があったことも見逃せません。高度成長期の耐久消費財の特徴は，規格化された商品を人々が大量に購入するという大量生産・大量消費にあり，しかも耐久消費財需要の所得弾力性が高かったため，所得の上昇が一挙に需要を増加させ，それが大量生産に繋がり製品価格を引き下げて，さらに需要が拡大するというメカニズムが作用しました[4]。

4 安定成長期の日本経済

(1) 2つの「ショック」

　10%前後の成長率を20年にわたって維持してきた日本経済は，1970年代に入ると大きな転換期を迎えることになります。農村の過剰人口の都市部への「人口移動」→「世帯数の伸びによる耐久消費財需要の拡大」のスパイラルは限界に近づいていました。さらに，供給面では，日本は世界の技術的フロンティアに接近するにつれ，導入技術による技術革新の余地も縮小していたといわれます。また，1968年に有効求人倍率は1を超え，総量ベースで労働需給は均衡します。この時期になると労働力不足が深刻化しました。こうした事情は，これまでのような高成長が望めないことを意味します。

1) ニクソン・ショック

　1971年8月，アメリカの深刻化するインフレの抑制と経常収支の赤字の削減を目的として，アメリカのニクソン大統領は「新経済政策」を発表しました。その内容には，ブレトンウッズ体制下の固定為替相場制の前提であった「金とドルとの交換」が停止されること，また，主要各国が平価切り上げによって局面打開に協力することが含まれていました。このニクソンの声明によって潜在的に進行していた国際通貨不安が表面化します。同年末に各国通貨当局はワシントンのスミソニアン博物館に集まり，自国通貨のドルへの切り上げによって解決を図ろうとします。この時，円は1ドル＝360円から1ドル＝308円へと16.9%切り上げられました。こうして，各国は何とか固定相場制を維持しようと試みたものの，この体制は1年半も続かず**変動相場制**に移行します。

2) 列島改造ブームと石油ショック

　①日本列島改造計画　　この71年末の円切り上げは，輸出主導型の成長路線を歩んできていた日本の産業界にとっては極めて深刻な問題でした。円切り上げによる輸出産業の不振と全般的なデフレ効果を予想した政府は，公定歩合の引き下げや公共投資の増大などの景気刺激策を一層強化しました。この拡張

的財政政策は，72年に成立した田中角栄内閣の「**日本列島改造計画**」によってさらに強力に推し進められます。この計画はおおよそ次のようなものでした。
・太平洋ベルト地帯に集中しすぎた工業を地方に分散し，その再配を行う。
・地方に人口25万人規模の新工業都市をちりばめる。
・全国を新幹線，高速道路，情報通信のネットワークで結び，日本全体を一日通勤圏にする。

　しかし，工業分散と再配置を目指す用地買収にともない地価は高騰し続け，金融緩和と歩調を合わせて国内物価は上がり続けました。

②**石油ショック**　こうした全国的インフレの症状に追い打ちをかけるように第1次石油ショックが発生します。1973年10月，第4次中東戦争の勃発にともないOPECは石油公示価格を引き上げ，イスラエルを支持する国に対して大幅な減産を決定します。その結果，原油価格は暴騰し，輸入価格は1972年から74年にかけて約4倍に上昇しました。この当時の日本の第1次エネルギーに占める石油の割合は78％で，その対外依存度はOECD諸国平均の67％に対して99.7％に達しており，日本経済にとってその影響は甚大でした。日用品（トイレットペーパー等）が入手できなくなるという不安や，先走りインフレ感による不足パニックが広がりました。企業の手元には資金がだぶつき，買占めや価格釣り上げによって74年

表8-7　原油輸入価格と消費者物価の推移

	わが国の原油輸入価格の推移（単位：米ドル／バレル）	1970年を100とした消費者物価指数の推移
1965年	1.98	76.5
66	1.92	80.6
67	1.92	83.6
68	1.92	88.3
79	1.81	92.9
1970	1.80	100.0
71	2.18	105.9
72	2.51	110.8
73	3.29	123.8
74	10.79	154.0
75	11.85	172.2
76	12.58	188.6
77	13.48	203.7
78	13.77	212.7
79	18.93	218.8
1980	32.97	236.4
81	37.29	247.8

（資料）矢野恒太記念会編『数字で見る日本の100年（改訂第5版）』2006年，p.158，414より作成

3月には卸売物価は前年同月に比べて37%，消費者物価は26%も上昇し，**狂乱物価**の様相を呈しました。経済成長率は戦後はじめてマイナスを記録し，急激な景気後退に陥りました。これ以降，日本や欧米先進国では不況 (stagnation) の下での物価高 (inflation) にみまわれ，いわゆる**スタグフレーション** (stagflation) が慢性化することになります。

景気回復のためにてこ入れをすればインフレが進行し，インフレを抑制すれば不況は深刻化するというジレンマが生じました。これに石油代金の高騰による経常収支の大幅赤字が加わりトリレンマ（三重苦）という言葉も生まれました。こうした事態を打開すべく，先進7カ国の首脳がフランスのランブイエに集まり**サミット**が開かれ，以降毎年開かれるようになったわけです。

このスタグフレーションに対して，日本では当初，金融引き締めが行われインフレ抑制が図られますが，その後，日本政府は不況脱出を財政面から図ります。結果，75年から**赤字国債**を毎年のように発行するようになりました。

こうして，国内景気は78年頃から回復の兆しを見せます。しかし，78年から79年にかけてイランの政情不安と革命がきっかけとなり2度目の石油ショックが発生します。原油の基準価格は1バレル＝12ドルから24ドル近くまで上昇し，世界経済に再び暗雲が立ち込めましたが，日本はスタグフレーションには陥りませんでした。第1次石油ショック時，国内の原油備蓄量は49日分でしたが，第2次石油ショックでは100日分程度まで増大していました。また，前回は石油ショックが起こる以前に過剰流動性によるインフレの火種がありましたが，2度目はそれがありませんでした。

日本経済は，70年代を通して5％前後の成長率を維持しますが，それは高度成長期のほぼ2分の1でした。このことは，日本経済が高度成長の軌道から安定成長のそれに移ったことを意味します。

(2) 経済体質の変化
1) 産業構造の変化

1970年代において，産業構造は表8-8のように変化しています。付加価値構成比（名目額）の推移をみると，第1次産業，第2次産業の比率が低下し，第3次産業の比率が上昇しています。つまり，経済のサービス化が進行します。

表 8-8 付加価値構成比の推移

(名目値, 単位 %)

	1970 年	1975 年	1980 年
第 1 次産業	5.9	5.3	3.6
第 2 次産業	43.1	38.9	37.8
製造業	34.9	29.1	28.2
素材型	12.9	10.2	10.0
加工型	11.9	9.8	9.9
労働集約型	10.0	9.1	8.4
第 3 次産業	50.9	55.8	58.7
卸売・小売業	13.9	14.2	14.8
金融・保険業	4.1	5.1	5.0
不動産業	7.8	7.9	9.1
運輸・通信業	6.7	6.2	5.9
サービス業	9.3	10.5	11.3
政府サービス	6.1	8.5	8.2
その他	3.0	3.5	4.4
合　計	100.0	100.0	100.0
※製造業指数 (実質)	84.1	100.0	129.8
素材型	86.9	100.0	116.1
加工型	75.6	100.0	188.3
労働集約型	85.3	100.0	115.4

(注) 素材型は, 化学, 石油・石炭製品, 一次金属, 金属製品, パルプ・紙, 窯業・土石。加工品は, 一般機械, 電気機械, 輸送機械, 精密機械。労働集約型は, 食料品, 繊維, その他製造業。※製造業指数は 1975 年を 100 (基準) としている。
(出所) 橋本寿朗・長谷川信・宮島英昭『現代日本経済 (新版)』有斐閣, 2006 年, p.171

しかし, 実質値では, 第 2 次産業の 1970 年から 80 年にかけての比率低下は 2.7 ポイント, 第 3 次産業の比率上昇は 4.7 ポイントに止まっています。この差異は, 第 2 次産業の労働生産性上昇率が高かったことに起因しています。

また, 第 2 次産業の内部でも変化が起こっています。製造業を労働集約型, 素材型, 加工型に分類すると, 労働集約型, 素材型の実質生産の伸びを加工型の実質生産の伸びが上回っています。石油ショックによるエネルギー価格と賃金の上昇は, 労働集約産業とエネルギー多消費型の「重厚長大型」素材産業に影響が大きかったのです。

エネルギー価格の高騰は省エネルギーの必要性を高めました。高度成長期の日本経済はエネルギー多消費型化しましたが，第1次石油ショックを境に省エネルギーを進め，そのテンポは欧米と比較しても急速でした[5]。省エネ技術の事例としては，鉄鋼業の高炉への重油吹込み停止によるオイルレス操業などの例がありますが，石油から代替エネルギーである石炭への燃料転換が一部で進行しています。省エネルギーのための投資は結果的に生産能力を拡大させたケースが多く，鉄鋼業に代表されるような省エネルギーと合理化によって国際競争力をある程度回復した素材産業は，表8-8のような実質生産の伸びを達成しています。しかし，素材産業のなかには，たとえば，アルミ精錬産業のように比較劣位産業として衰退するケースもみられました。一部の産業では利益率の低下が著しく，「**構造不況**」**業種**の発生として認識されました。1978年の特定不況産業安定臨時措置法（特安法）によって，鉄鋼・アルミニウムという金属工業，合成繊維・紡績という繊維工業，アンモニア・尿素・化成肥料・塩化ビニールなどの化学工業，造船業など，14業種が「構造不況」産業として指定され，一定の保護対策が実施されました。

2) 経済生活の変化

　このように構造変化する日本経済を，別の角度からミクロ的に（働き消費する生活者の視点から）考察すれば次のようになります。

　自動車，精密機械，電子機械など組み立て加工型産業の伸長とともに，生産現場では，ICを機械装置に組み込んだNC（数値制御）工作機械やロボットが次々に開発され，生産の自動化を目指すFA（Factory Automation）化が進みました。エレクトロニクス化の波は事務部門にも押し寄せ，ファクシミリ，ワープロ，そしてパソコンなどの機器の導入へと，OA（Office Automation）化が進展していきます。労働環境はこうした情報化の進展とともに変容していきます。

　また，情報化は消費財の品質改善と高機能化，新製品の開発に繋がりました。たとえば，高度成長期に三種の神器のひとつとして普及した洗濯機は，一層式の洗いのみの機能から，洗いと濯ぎが同時にでき脱水もできる二層式への改良を経て，70年後半にはマイコン制御の全自動洗濯機の主流になります。他に例をとれば炊飯器がそうです。サーモスタット使用の簡単なメカニズムから火

かげんが自動的にコントロールできるマイコンジャー炊飯器（1979年頃）へと変わっていきます。こうした事例は枚挙にいとまがありません。

70年代後半になると共働きが増えはじめ，それは80年代を通してどんどん増加し，90年頃には共働き世帯数が妻が無業の勤労世帯数を上回ります[6]。

そして，都市型ライフスタイルが定着し，消費生活の質的変化にともない，**コンビニエンス・ストア**の業態も現れてきます。また，各種**外食産業**も興隆しました。それらはPOSやセントラルキッチン（集中調理施設）の導入により効率化が図られ市場規模を拡大していきます。80年代初頭には，カタログ販売などの**通信販売**も台頭します。

第3次産業，なかでも卸売・小売業，サービス業のウェイトが高まりました。その内実は，次のようなものでした。つまり，第1次石油ショック以降における物価上昇と実質所得の伸び悩みなどにより消費は低迷しますが，そうした経済環境下で新たな小売業態として登場したのが，家電製品やカメラを低価格で量販する**ディスカウント専門店**でした。

5 バブルの発生と崩壊以後

(1) 80年以降の状況

第2次石油ショック以後，世界同時的不況が進行し，各国ともその打開に苦慮しました。従来とられたインフレ的景気刺激策は薄く，財政悪化が拡大していきました。こうしたなか，80年代に入るとそれまでとは発想を異にする政策がとられていきます。アメリカのレーガン大統領が掲げた「**レーガノミックス**」がそれです。レーガン大統領は，厳しい金融引き締めによりインフレを克服するとともに，福祉などの民生関係の歳出を削減して財政赤字の縮小を図り，アメリカ経済を活性化するために大幅減税を図りました[7]。

レーガノミックスは2桁のインフレと失業を改善できましたが，膨大な財政赤字と貿易赤字という「**双子の赤字**」を生み出しました。しかも貿易赤字の3分の1以上が日本からの輸入によってもたらされたものでした。日本に即してみれば，日本の輸出品目は自動車，電気機器，半導体，精密機械などが中心で，

その約 40% がアメリカ向けのものでした。こうして，日本からの集中豪雨的輸出によって日米の貿易摩擦は激しさを増していきます。

しかし，アメリカの貿易赤字の根本原因は「強いアメリカ，強いドル」を目指した意図的なドル高政策によるものでした。アメリカの「双子の赤字」解消が国際経済安定の要件という理解に立つ先進各国は，1985 年 9 月のドル高を是正するために為替市場へ協調介入に踏み切ります（**プラザ合意**）。以降，ドル安円高が急速に進み，日本の輸出産業は苦しみ，「円高不況」に陥ります。

(2) バブルの発生と崩壊

金融緩和策で 1980 年代後半から景気は上昇しますが，それは実体経済からかけ離れた投機的な色彩が濃いものでした。企業は生産活動への投資よりも，株式，不動産，外国為替などの投機で利益をあげる財テク（財務テクノロジー）を重視する方向に向かいました。**金融の自由化**が進み，銀行の余剰資金が積極的に株や土地の購入のために貸し付けられました。その結果，株価と地価が急騰しました。取得時の価格と時価との差額である含み益がバブル（泡）のように膨れ上がります。こうして，経済の実態とかけ離れて株価や地価が上昇する異常な状態が招来されます。余剰資金は国内に留まらず海外にも向かいます。アメリカのシンボルともいえるロックフェラー・ビルや映画会社のコロンビアまでがジャパンマネーに買い取られたのもこの頃でした。

日銀は公定歩合を元に戻そうと試みましたが，日銀が公定歩合を上げれば日米の金利差が縮小し，円高がさらに進んでしまうためできませんでした[8]。80 年代末から 90 年代初頭にかけて，政府の不動産への**融資総量規制**に呼応して公定歩合は 6 度引き上げられ，バブル潰しが試みられました。その結果，地価は元の値段の 30%，株価は最高値から 17% の水準にまで暴落します。金融機関は，巨額の回収困難な債権（**不良債権**）を抱え，経営に行きづまるところも現れました。銀行の企業に対する**貸し渋り**が広がり，深刻な不況に陥りました。

こうした金融不安を解決すると同時に，金融の国際化と自由化に対応するために，規制緩和を柱とする**日本版ビッグバン**（金融制度の抜本改革）が押し進められました。また，過剰な生産設備を抱える企業は，経営の再構築（**リストラクチャリング**）の名の下に大幅に人員を削減しました。失業率は，2002 年には

53 年に統計を取り始めて以来最悪の 5.4% を記録しました。

バブル崩壊以降から 2000 年代初頭にかけて，日本経済は「**失われた 10 年**」と呼ばれる慢性的な停滞を経験します(9)。政府はそうした停滞的状況を打破すべく多額の公共投資を行いました。たとえば，82 年 8 月の宮沢内閣による 10 兆円超の総合経済対策，98 年 11 月と 99 年 11 月の小渕内閣下での 24 兆円弱の緊急経済対策などがそれです。しかし，景気が立ち直りかけると「財政再建」が声高に叫ばれ，公共投資は抑制的になり，景気は低迷してしまいます。こうした政策のありようは「ストップ・アンド・ゴー政策」と呼ばれました。また，日銀は，公定歩合は 0.1% にまで引き下げ，**ゼロ金利政策**や**量的緩和**といった世界史上例を見ない試みまでも実施しています。

(3) 21 世紀以降の状況

こうした状況下において，2001 年 4 月小泉内閣が成立します。この時期の第一の政策課題は，不良債権処理問題でした。2001 年 4 月に成立した小泉内閣は，組閣後直ちにデフレと不良債権処理の悪循環を断ち切るために「緊急経済対策」を発表し，2001～2004 年を不良債権処理の集中調整期間として位置づけて，金融再生プログラムの一連の措置を強力に実施します。そして，同内閣は，財政政策に関して国債新規発行 30 兆円枠を設定して財政規律の復活を明確にしつつ，一連の構造改革に着手します。そのねらいは「労働力，資本，技術といったわが国の持てる貴重な資源を，生産性の低い分野から，生産性の高い分野に移動すること」(内閣府『2001 年版 経済財政白書』) にあります。その改革は，具体的には財政構造改革，規制緩和・改革，新規起業促進，道路公団などの特殊法人の**民営化**など多岐にわたりました。

2002 年 2 月以降，日本経済は立ち直りの兆しを見せ始め，成長率は低いものの，「いざなぎ景気」を上回る景気を経験することになります。

しかしながら，2008 年のアメリカ発の**金融危機**(10) は，輸出の大幅な減少，失業者の急増など日本経済にも大きな打撃をもたらし，経済成長率はマイナスを記録します。そのため政府は大規模な財政支出で景気を下支えし，財政赤字は急拡大し，景気は後退しますが，2009 年に入ると回復の兆しを見せ始めます。その後「**東日本大震災**」により景気上昇は終わるかに思われましたが，がれき

の撤去，インフラの再建と言った復興予算に下支えされる形となります。しかし，結局，円高デフレに見舞われることになってしまいます。こうしたなか，2012年発足した第2次安倍内閣は景気立て直しを図るべく，①大胆な金融緩和，②機動的な財政出動，③民間投資を喚起する成長戦略という「三本の矢」政策（**アベノミクス**）を実施するに至ります。

6. 日本経済の現代的課題―「格差」問題

　高度情報化時代といわれる現代の国民経済の大きな問題としては，少子高齢化問題，それと関連する年金改革の問題，財政構造改革の問題等々が挙げられますが，ここでは「**格差**」の問題を取り上げてみます。
　わが国の高度経済成長が大いに評価される点は，その成長の速さばかりでなく，大企業と中小企業，都市と地方などの間の格差を縮小させた点にあります。わが国は，先進国中でも所得格差が小さく，国民の大半が**中流意識**をもっていました。その意識は，高度成長を通して醸成されていったとみることができます。しかし，1980年代後半のバブル期には，資産価格の暴騰による資産所得格差や，製造業と金融業の賃金格差が発生しました。1990年代の後半には，

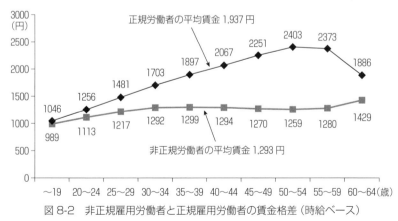

図8-2　非正規雇用労働者と正規雇用労働者の賃金格差（時給ベース）

（資料）厚生労働省「賃金構造基本統計調査」（平成29年）
（出所）厚生労働省「非正規雇用の現状と課題」(2018年) より作成

成果主義賃金の導入，失業率の上昇，IT化の進展によるデジタル・ディバイド（情報格差）の発生が，人々の所得格差感を拡大させています。

実際，日本全体の**所得格差**が1980年代以降拡大したことは多くの研究者が指摘しています[11]。とくに，勤労世代で，現在の所得格差に現れない生涯所得の格差，つまり，親からの相続資産の格差などの資産格差や将来所得の格差についての予想が，現在の消費格差を生み出し，これが格差拡大感の背景となっているということが指摘されている点は重要です（大竹，2005）。

しかも，より深刻なのは，1990年代の雇用調整の過程で発生した正規労働者と非正規労働者の格差です。企業が主として新規採用の抑制によって雇用調整を進めたため，若年層における失業率が上昇し，フリーターと呼ばれる非正規労働者が増加しています。非正規雇用者数は，1992年は958万人でしたが，20年後の2012年になると1,816万人に倍増しています。図8-2のように正規・非正規雇用者間の賃金格差は大きく，不平等感が増幅されています。こうした二重構造の拡大傾向に歯止めをかけることが極めて重要です。

一方，都市と地方との格差拡大も見過ごせません。経済の低迷が継続するなかで，生産，失業率の地域間格差は拡大傾向を示しています。1990年代までは，地域経済回復の遅れに対して，公共事業の積極的活用が図られていました。しかし，こうした政策の継続は，財政再建の要請の前では不可能です。このため，2000年代以降，政府は公共事業によらない地域の開発に取り組み始めましたが，観光・知的技術革新・産業集積の促進などを通じて，地域の再興を図ることが重要な課題となっています。

【考えてみよう】

1. 第1次高度成長，第2次高度成長，安定成長期，さらに2000年代以降の代表的な技術革新例を調べてみよう。
2. 戦後の経済復興期から今日まで，各期を特徴づける消費財（ヒット商品）を調べ，そこから現実の消費生活のありようを想像してみよう。
3. 戦後日本経済の発展過程と国債発行との関係，国債発行残高の推移について調べ，その現在的課題について考えてみよう。

● 注
（1）戦後の復興から高度成長に至る経緯を奇跡であるかのように説明される場合もありますが，戦間期の蓄積あるいは諸制度が後の高度成長に繋がっていく側面もあることにも注目しておく必要があります（中村隆英，1986：147-54）。
（2）わが国の生産性向上は著しく，とくに後半はこの固定為替相場でのわが国の輸出品価格が国際市場で割安となり，輸出が拡大して経済成長を支えました。
（3）さらに1960年代後半の急速な住宅着工件数の増加と世帯数の増加の背後には，1947～49年に生まれた戦後のベビー・ブーマーが就業年齢に達し，世帯を形成し始めたという人口学的要因もあります。この結果，1970年の3大都市圏の人口は，1955年の1.5倍に増加し，その集中度は50％に近づきます。なかでも集中の著しかったのは東京圏であって，その人口は1970年には2400万人に達しています。
（4）たとえば，17インチ白黒テレビの1953年の販売価格は19万5,000円でしたが，技術革新と大量生産による規模の経済の実現により，57年に10万円を切り，64年には大型で機能の充実した19インチ・テレビの価格が6万5,000円になっています。自動車の普及も，低価格・大衆車の発売によって促進されました。
（5）こうした省エネ努力の結果，日本企業の国際競争力は維持され，それが輸出を拡大させ，日本経済はより輸出指導型経済体質を帯びていくことになります。そして，その後の80年代の**日米貿易摩擦**に繋がっていきます。
（6）1980年は，男性雇用者と無業の妻の世帯の数が1,114万世帯であるのに対して，共働き世帯数はその約半分の614万世帯でした。しかし，1991年には前者が888万世帯，後者が877世帯と，拮抗するようになり，それ以降後者の共働き世帯が前者を凌ぐようになります（内閣府『平成19年版男女共同参画白書』参照）。
（7）イギリスのサッチャー首相も福祉の歳出削減や減税で「小さな政府」を実現するとともに，公共部門を縮小し民間企業を活性化するというものでした。また日本の中曽根政権の「行政改革」もこれと同じものでした。日本でも医療・年金等の社会保障が削減されました。また，国鉄，電電公社，専売公社といった公企業はそれぞれJR, NTT, JTに民営化されました。
（8）公定歩合は，日銀が民間銀行へ貸付を行う時，適用される基準金利。1994年9月までは，政策によって日本における民間銀行の金利は，この公定歩合と連動するように規制が図られていました。したがって，公定歩合を変動させることは日本の市中金利を変動させることと等しく，日銀は公定歩合を操作することで金融政策を行うことができました。そのため公定歩合は，長く日本の政策金利の役目を果たしていました。しかし，1994年10月に，民間銀行の金利は完全に自由化され，それ以降，公定歩合を利用して民間銀行の金利を操作することはできなくなっています。民間銀行の金利が完全に自由化された後は，公定歩合の操作に代わりに，短期金融市場の金利（無担保コール翌日物の金利）を操作することで金融

政策を続けています。具体的には公開市場操作により，日銀が民間銀行から国債や手形を買い取る買いオペレーション（買いオペ）をして，金利を操作しています。
(9) バブル崩壊以後の12年間で東証1部だけでも350兆円の株式の時価総額が失われ，地価の時価総額の喪失と合わせれば13,000兆円に上るといわれています。
(10) 2006年秋以降，アメリカで住宅バブルが崩壊し，低所得者向けの住宅ローン（サブプライムローン）が不良債権化しました。サブプライムローンは証券化されて多くの金融商品に組み込まれ，次々と転売されていたため，世界の各国で金融機関が危機に直面することになりました。
(11) たとえば，橘木俊詔（2004）参照。

◆ 参考文献

- 安藤良雄編（1979）『近代日本経済史要覧（第2版）』東京大学出版会
- 大竹文雄（2005）『日本の不平等』日本経済新聞社
- 小浜裕久（2001）『戦後日本の産業発展』日本評論社
- 橘木俊詔（2004）『新版・家計から見る日本経済』岩波書店
- 中村隆英（1986）『昭和経済史（岩波セミナーブックス17）』岩波書店
- 中村隆英（1993）『日本経済—その成長と構造—（第3版）』東京大学出版会
- 橋本寿朗・長谷川信・宮島英昭（2006）『新版・現代日本経済』有斐閣
- 樋口美雄（2001）『雇用と失業の経済学』日本経済新聞社
- 三橋規宏・内田茂男・池田吉紀（2010）『ゼミナール日本経済入門（第24版）』日本経済新聞出版社
- 三和良一・原朗編（2010）『近現代日本経済史要覧（補訂版）』東京大学出版会

Part II　経済と社会

日本経済と環境問題

環境経営の時代へ

第9章

　日本経済が急速に拡大した高度成長期には，エネルギー消費が飛躍的に増大し，産業構造の変化とともに企業の利益追求が優先されました。その結果，環境への配慮が疎かにされ，各地で環境問題が発生しました。本章では，こうした問題が発生した経緯を概観し，現代の日本経済が抱える環境問題について考察していきます。そして，いかに日本経済が環境問題を自らの課題としてとらえ，企業活動のなかでどのように対応しているかについて解説していきます。また，環境に配慮した企業活動が企業存続のための必須課題となるなかで，増加しつつある企業の環境情報開示の現状についても紹介していきます。

キーワード
　公害，四大公害訴訟，公害対策基本法，都市公害，PPP（汚染者負担の原則），環境アセスメント（環境影響評価），環境基本法，京都議定書，パリ協定，経団連地球環境憲章，PRTR，環境情報開示，環境債務，持続可能な発展，環境マネジメントシステム，国連環境開発会議（地球サミット），環境報告書，サステナビリティ報告書，統合報告書，環境経営，環境会計

1 経済成長と環境問題

(1) 高度経済成長と公害

　第2次世界大戦後の高度経済成長期に急速に拡大した日本経済は，この時期にエネルギー消費も飛躍的に増大させ，エネルギーの中心を石炭から石油へと転換させていきました。それとともに産業構造の重化学工業化が進展し，各地で製鉄所や石油化学コンビナートを中心とした臨海工業地帯が形成されました。こうした地域への産業立地においては企業の利益が優先され，環境への配慮がなされず，政府の予算配分も道路や港湾整備などの産業基盤整備にその重点が振り向けられました。その結果，工場排水による水質汚濁や排煙による大気汚染が広がり，これがやがて地域住民に深刻な健康被害を引き起こす公害を発生させました。

　公害とは，「事業活動その他の人の活動に伴って生ずる相当範囲にわたる大気の汚染，水質の汚濁，土壌の汚染，騒音，振動，地盤の沈下及び悪臭によって，人の健康又は生活環境に係る被害が生ずること」と定義されていますが[1]，こうした意味では，明治の殖産興業期にも足尾銅山鉱毒事件のような公害は発生していました。足尾鉱山鉱毒事件は，鉱山開発による鉱毒が有害物質となって周辺環境に著しい被害をもたらした公害でしたが，この時代の公害は，地域も限定的であり，鉱業といった特定の産業においてのみ発生していました。しかしながら，高度成長期に発生した公害は，特定の産業のみに限らず，広域化し，各地の臨海工業地帯で大規模な公害を引き起こしました。とりわけ，四大公害といわれる熊本県や新潟県で発生した水俣病，富山県のイタイイタイ病および三重県の四日市喘息では死者も発生するなど，各地で深刻な健康被害を発生させました（表9-1）。

　こうした公害では，1960年代後半以降，各地で訴訟がおこされ，原因企業の責任が追及され，原告側である被害者側が勝訴し，賠償を勝ち取りました。それにともない全国で公害に対する反対運動が巻き起こり，そうした住民運動の高まりを受けて，1967年に政府は**公害対策基本法**を制定しました。この法律は日本で初めて総合的な公害対策の基本となる事項を定めたもので，大気汚

表9-1 四大公害訴訟

訴訟	新潟水俣病	四日市喘息	イタイイタイ病	熊本水俣病
提訴	1967年6月	1967年9月	1968年3月	1969年6月
判決	1971年9月	1972年7月	1971年6月 1972年8月（控訴審）	1973年3月
賠償額	約8,800万円	約1億4,800万円	約2億7,000万円	約9億3,700万円
発生地域	新潟県阿賀野川	三重県四日市市	富山県神通川	熊本県水俣市
被告企業	昭和電工	石油会社など6社	三井金属鉱業	チッソ
概要	排水に含有する有機水銀に汚染された魚類の摂取による中毒。	工場排出の硫黄・窒素酸化物による大気汚染が原因の呼吸器疾病。	亜鉛精錬副産物のカドミウムに汚染された農作物・魚類・飲料水による中毒。	排水に含有する有機水銀に汚染された魚類の摂取による中毒。

染，水質汚濁，土壌汚染，騒音，振動，地盤沈下，悪臭を七大公害として定義し，生活環境を保全するうえで維持することが望ましい環境基準を導入しました。

さらに政府は，1971年に公害行政を一元化するために**環境庁**を設立し，積極的に環境行政に取り組みはじめ，地方自治体においても公害防止条例が制定され，積極的に地域の環境保全にかかわる施策が行われました。これによって，企業が発生原因となっていた産業公害は減少しましたが，その後，家庭からの生活排水や自動車の排ガス，さらに道路・鉄道・空港周辺の騒音や振動といった**都市公害**が新たに発生するようになりました。都市公害は，その発生原因が多様であるため，特定の企業や事業所・工場などを規制するだけでは効果は望めず，社会経済活動全体で発生する汚染物質をどのように抑制していくかが重要となります。自動車をとってみれば，自動車排出ガス規制によって自動車からでる排ガスそのものを抑制させるという手法がとられ，自動車メーカーはこうした規制に対応すべく技術開発を進めました。家庭からの生活排水をとってみても，その原因物質となる生活用品を家庭に供給する企業にとっては，汚染物質をいかに削減していくかという技術開発が求められるということです。このように，都市公害もまた，日本経済がその対応を迫られる新たな環境問題となっていきました。

以上のような公害は，企業が市場で対価を支払うことなく，他者に対して不利益を与える**外部不経済**の典型的な例であるといえ，企業が利益を優先させ，

費用負担を節約しようとする結果として発生しています。つまり，本来企業が負担すべき汚染物質や廃棄物の処理費用は，企業は負担せず未処理のまま外部へ排出することによって費用を節約することができ，それは周辺環境への環境負荷となって公害を引き起こし，社会全体が負担する社会的費用となってしまうわけです。したがって，こうした公害の発生を防止するために，公害の発生源となる企業に対して，公害の防止や被害者救済のための費用を負担させるという**汚染者負担の原則**（Polluter Pays Principle：PPP）が導入され，これによって企業も公害防止に積極的に取り組むようになりました。

また，この他にも，地方自治体によって汚染物質の排出を規制するという方法もとられています。有害物質について一律に排出濃度基準を設け，一定濃度以上の有害物質を排出させない**濃度規制**や，地域全体の総排出量を設定し，全体でこの基準を超えないよう規制する**総量規制**が環境基準としてとり入れられています。さらに，企業が新たに工場立地などを行う場合に，開発にともなう環境への影響を総合的に事前に評価する**環境アセスメント**（**環境影響評価**）を条例として義務づけることによって公害を防止している地方自治体もあります。

政府も，公害問題や新しい環境問題に対処するため，それまでの公害対策基本法を廃止し，新たに1993年に**環境基本法**を制定するとともに，1997年には環境影響評価法を制定し，環境行政に取り組んでいます。

日本経済を支える企業は，こうした汚染物質の排出や開発にともなう規制や法令を遵

表9-2 公害・環境法制年表

年	事　　　項
1955	富山県でイタイイタイ病（学会報告）
1956	熊本県で水俣病が表面化
1961	三重県で四日市喘息が多発
1965	新潟県で水俣病が表面化
1967	公害対策基本法制定
1968	大気汚染防止法・騒音規制法制定
1970	水質汚濁防止法制定
〃	東京で光化学スモッグ表面化
1971	環境庁設置
1972	自然環境保全法制定
1976	川崎市で全国初の環境アセスメント条例制定
1982	窒素酸化物削減のための総量規制制度導入
1993	環境基本法制定
1994	環境基本計画策定
1997	環境影響評価法制定
2001	環境省発足

守することによって環境問題に適切に対応していくことが求められています。

（2）地球環境問題への対応

　1980年代後半までは，環境問題の中心は公害問題でしたが，1980年代後半以降は，環境問題として地球環境問題がクローズアップされるようになりました。具体的には，酸性雨や熱帯雨林の破壊，フロンガスによるオゾン層の破壊，二酸化炭素などの温室効果ガスによる地球温暖化などで，こうした国境を越えた地球規模の環境問題が，人類全体に影響するものとして注目されるようになりました。1992年には，増え続ける二酸化炭素等の温室効果ガスの排出量について，先進国が2000年までにその排出量レベルを1990年レベルまでに戻すとの目的をもった措置を行い，その実施状況を報告することなどを定めた**気候変動枠組条約**が締結されました。

　しかしながら，この条約は努力目標でしかなく，2000年以降の具体的取り組みについて決められていなかったため，1995年の第1回締約国会議（COP1）において，2000年以降の温室効果ガスの排出量を1997年のCOP3において設定することが決められました。これを受けて，1997年に地球温暖化防止京都会議（COP3）が開催され，そこで，先進国に対し法的拘束力のある温室効果ガス削減の数値目標を定めた**京都議定書**が採択されました。

　具体的には，温室効果ガスの排出量を，2008年から2012年の5年間に全体として少なくとも1990年比で5％削減することが定められ，各国の削減率として日本は6％，アメリカは7％，EUは8％などが採択されました。しかしながら，この議定書の採択はされたものの発効は先送りとされ，2001年には，アメリカが京都議定書から離脱しました。その後，日本は2002年に国会承認，2004年に受諾書を寄託し，2005年にロシアの受諾によって発効されました。その後，京都議定書の後継として，2015年にパリで開催されたCOP21において，2020年以降の気候変動問題に関する国際的な枠組みである**パリ協定**が採択され，気候変動枠組条約に加盟するすべての国が参加しました。しかしながら，2017年には，アメリカのドナルド・トランプ大統領がパリ協定からの離脱を表明しています。

　こうした地球規模の環境問題に対しては，日本企業もその対応を迫られ，

1992年に地球サミットが開催されることにあわせる形で,地球環境問題に企業がいかに対応していくかが活発に議論されるようになりました。そして,1991年には,経団連が「**経団連地球環境憲章**」を公表し,世界で初めて経済団体が結束して環境問題に取り組むことを明らかにし,日本企業の環境に対する意識に大きく影響を与えました。

その後も経団連は,1996年に「経団連環境アピール—21世紀の環境保全に向けた経済界の自主行動宣言−」を発表し,企業が自主的に環境問題に取り組むことを宣言しました。その内容は,①地球温暖化対策,②循環型経済社会の構築,③環境管理システムの構築と環境監査,④海外事業展開にあたっての環境配慮,の4点であり,積極的に企業が環境保全に取り組み,地球環境問題に対応していくための内容が盛り込まれています。さらに,経団連は,翌年にこの環境アピールの内容を実施するために,「経団連環境自主行動計画」を発表し,業種ごとに自主目標を設定し,毎年その結果を公表することを約束しました。

こうした地球環境問題への企業の対応は,民間の経済団体だけでなく,政府も積極的にその支援をしています。1992年に通産省が発表したボランタリー・プランでは,通産省が主要業界団体を通じて各企業に自主行動計画の作成を要請しており,その内容は通産省が期待する計画に盛り込むべき項目をモデル・プランとして示していて,多くの企業がこれに基づいて計画を策定しました。その後,通産省はこれに続いて1995年に主要業界団体を通じてフォローアップの策定を要請し,通産省への提出を求めました。モデル・プランの項目のなかには社会一般に対する情報提供という項目があり,モデル・プランとフォローアップをまとめると環境報告書に近いものとなるため,これらの計画の提出が日本企業での環境情報開示の契機となったといえます。

(3) 環境債務

環境債務とは,企業の過去および現在の活動により,企業の有形固定資産や周辺の環境に対して何らかの影響を及ぼしているか,あるいは将来及ぼしそうな,損失,費用のことです。この環境債務は,企業の社会的責任(CSR),とりわけ企業行動が環境に与える影響が論じられる以前は,クローズアップされることもなく,企業が自らの所有地に環境負荷を与えるような汚染物質を廃棄し

ても，法的にも倫理的にも問題とならないこともありました。しかしながら，環境問題が社会の大きな関心事となり，法規制の強化とともに企業の社会的責任（CSR）やコンプライアンスが重要視されるなかで，環境に負荷を与える汚染物質や廃棄物を適切に処理するための企業の費用負担は増加しています。

　以下では，環境汚染物質の規制にともない発生した環境債務，つまり，以前は問題とならずに使用されてきたものの，その後環境汚染物質として規制されるようになり，その除去などの適切な処理のための支出が見込まれる例をみていきます。これらは，**経済成長の「負の遺産」**であり，現在の**日本経済が抱える環境問題**といえます。

1) アスベスト

　アスベスト（石綿）は，1970年代から大量に輸入され，その保温断熱効果から建材として世界的に使用され，日本でも大量のアスベストが輸入され使用されてきました。その後，大量に吸入することで長期間の潜伏期間を経て中皮種を発生させることが指摘され，1975年には重量で5％を超えるアスベストの吹き付けが禁止されました。しかしながら5％以下のアスベストの使用は禁止されていなかったため，アスベストの使用は継続されました。そしてアスベストが使用された建築物の老朽化による解体工事の増加にともない，解体工事に従事する労働者の中皮種などの健康障害の発生が懸念され，2005年7月からは飛散防止などの必要な措置を講じなければならないこととされました。さらに，2006年9月には，吹き付けられた石綿等の封じ込めや囲い込み作業等を講じなければならないことが定められました。また，同年には労働安全衛生法の施行令が改正され，石綿含有率0.1％を超えるもの（一部猶予製品を除く）の製造，輸入，譲渡，提供，使用が禁止されました。

　以上のようなアスベストに関する法令では，アスベストが建材として建物に組み込まれている状態では，その建物の使用状況やアスベストの損傷・劣化状況を考慮して対策方法を選択することとなります[2]。建物を継続して使用する場合は，固化剤等の吹き付けによって粉塵の発生を防ぐ「封じ込め」や，粉塵が発生しても人体に吸い込むことのないように覆う「囲い込み」，またはアスベストを取り除き廃棄する「除去」から選択され，建物を解体する場合は，

解体にともなって飛散することが予測されるため,「除去」が選択されることとなります。これらのアスベスト対策は,それぞれ費用の多寡に違いはあれ,アスベストを使用した建物の継続使用や解体において,その周囲の環境に負荷を与えており,現在または将来のアスベスト対策という支出をもたらしている環境債務です。このアスベストの処理費用については,アスベスト含有建築材料の過去30年間の総使用量を面積約40億m^2,処理費用が¥3,000／m^2として,総額処理費用が12兆円以上という見積りもあり(藤井,2008：88),これらは,日本経済の抱える将来の支出である環境債務として見積られることになります。

2) PCB (ポリ塩化ビフェニル)

アスベストと同様に,以前は工業原料として大量に使用され,その後有害物質として規制され,その適切な処理のための支出が見こまれている例としてPCB (ポリ塩化ビフェニル)があります。PCBはその不燃性や絶縁性から変圧器やコンデンサーなどの電気機器に多く利用されていましたが,1968年にPCBが米糠油に混入し社会問題となったカネミ油症事件[3]で,その毒性が確認され,1974年6月には製造・輸入および新たな使用が禁止されました。その後,2001年のPCB特別措置法によって,企業は,その保管量を都道府県知事に届出て,2016年までに自らで処分するか,日本環境安全事業株式会社(JESCO)に処分を委託しなければならないこととされています。したがって,このPCBの処理については,アスベストと同様に人体の健康に害を与える可能性があり,法規制によって,現在または将来のPCBの自己処理または委託処理という支出をもたらしている環境債務であるといえます[4]。

3) 土壌汚染

アスベストやPCBの他にも,環境債務として土壌汚染をあげることができます。重金属や揮発性物質などの特定有害物質が,法律等で管理・廃棄が規制されるまでは,製造業を中心として,重金属や揮発性物質が事業所の製造・加工工程で使用され,その事業所内で廃棄されることが数多くありました。その結果,土壌にその有害物質が蓄積され,人の健康に被害を与える可能性のある土壌汚染が明らかになり,法規制等によって,この土壌汚染物質の調査や除去

が義務付けられ，そのための支出が必要とされています。

　この法規制等の例としては，2003年2月に施行された土壌汚染対策法があります。これは，水質汚濁防止法で指定されていた25種類の特定有害物質を製造・使用・処理していた施設の廃止時などに土壌汚染調査を義務づけるものであり，健康に害を与える可能性のある場合は，当該汚染物質の除去等の対策を行うことを義務づけています。しかしながら，この土壌汚染対策法は，特定施設が廃止されても，引き続きその土地を事業所として使用する場合は，調査そのものが猶予され，また，この法律の施行前に特定施設が廃止された場合にも調査を義務づけないといったものであり，したがって，実際には，土壌汚染の調査や汚染物質の除去については，法律の規制にとどまらず，土地売買等による契約当事者の自主的な取り組みに基づいて行われているのが実情です。

　こうしたことから，土壌汚染対策に関する支出については，事業所の土地に，環境に対する負荷を与える可能性を生じさせているものの，汚染物質の調査や除去を企業が義務的に実施しなくてはならないことは少ないといえます。しかしながら，この土壌汚染については，その調査・除去は自主的なものが多いものの，土地の売却に際しては，買い手側から土壌汚染調査を求められることが一般的であり，仮に土壌汚染が一定の環境基準を上回っていた場合には，当然売り手側の負担により，汚染物質の除去が行われるものです。したがって，土地の売却によって，汚染物質の調査・除去の関する支出が発生することになり，その支出をあらかじめ見積り，汚染調査・除去の支出を環境債務として認識することが必要となります。

4）ブラウンフィールド問題

　土壌汚染については，汚染物質の存在または存在の可能性があることによって，その不動産の利用や売却に問題が生じるブラウンフィールド問題があります。ブラウンフィールドそのものは1970年代にアメリカで作られた造語であり，土壌汚染またはその可能性があるために，土地の拡大や再開発が複雑化し，放置または適切に活用されていない産業用および商業用の施設などを指しています。日本では，環境省が2007年に公表した「土壌汚染をめぐるブラウンフィールド問題の実態等について（中間とりまとめ）」により，ブラウンフィールド

> ### 東京電力の原発事故による環境債務
>
>
>
> 2011年3月11日，宮城県沖を震源とする大地震が東日本を襲い，この地震によって発生した大津波は東北地方・関東地方の沿岸部に壊滅的な被害をもたらしました。さらに，この大津波は東京電力の福島第一原子力発電所を破壊し，放射能漏れ事故を発生させました。この原子力発電所の事故により，福島県を中心とした多くの地域の住民が，放射線で汚染された地域からの避難を余儀なくされました。こういった地域では，汚染された土壌の表面を削り取る除染作業が必要です。そのための費用は，放射能という環境汚染物質を除去し，もとの環境にもどすための支出であり，環境債務であるといえます。放射能漏れを引き起こした東京電力の責任は明らかであるため，この環境債務は東京電力の負担する債務であることは確かですが，今後長期間にわたって除染が必要であることを考えると，そのための支出は莫大な金額となり，東京電力だけで賄いきれる額ではありません。したがって，原子力発電の安全性について管理・監督する立場にある政府にも責任があり，政府も除染対策として予算計上していますので，国としての環境債務であるともいえます。

を「土壌汚染の存在，あるいはその懸念から，本来，その土地が有する潜在的な価値よりも著しく低い用途あるいは未利用となった土地」と定義しています。土壌汚染の可能性のある土地については，法規制や義務がなくとも，その汚染の有無や程度の調査が必要となるため，そのための支出が環境債務として認識されます。

こうした土壌汚染による環境債務の規模としては，環境省および社団法人土壌環境センターが試算を行っており，それによれば，汚染調査費用として約2兆円，さらに汚染物質の除去・浄化の費用として約11兆円としており，日本国内の土壌汚染調査・除去費用は全体で約13兆円ということになります（土壌環境センター，2000）。これが潜在的な土壌汚染による環境債務の総額であり，これも現在の日本経済が抱える大きな環境問題といえるでしょう。

環境経営の時代へ

(1) 環境意識の高まり

　近年，現代企業をとりまく状況は大きく変化し，この変化が企業の経営姿勢を大きく変貌させています。つまり，個々の企業の利益追求のみの経営姿勢ではなく，**環境に配慮した企業行動**によって地球環境との共生を図り，自らの企業と社会全体との**持続可能な発展**を目指すという経営姿勢に変化してきているのです。環境に配慮した企業行動が企業経営における不可欠の要素となりつつあるなかで，企業は環境問題への組織的対応をはかり，環境戦略として積極的に環境問題に取り組むことによって競争力を獲得しようとしています。

　こうした企業の環境問題への取り組みについては，環境省が企業の環境保全に向けた取り組みを継続的に把握し，その成果を普及させていくことを目的として，1991年度より「**環境にやさしい企業行動調査**」[5]を行っています。

　2016年度調査によれば，上場企業および非上場企業のおよそ7割が，環境に配慮した取り組みを企業の社会的責任（CSR）の一つであると回答しており，環境に配慮した企業行動によって企業と社会全体との持続可能な発展を目指すという経営姿勢がここにあらわれているといえます。

　また，長引く不況により企業を取り巻く経済的状況は極めて厳しいものであるにもかかわらず，自らの負担によって**環境マネジメントシステム**を構築し，国際規格の認証を取得する企業も急速に増加しています。その国際規格は，国際標準化機構（International Organization for Standardization）の定めた環境管理・監査の国際規格である「**ISO14000シリーズ**」であり，これは，組織活動が環境に及ぼす影響を最小限にくい止めることを目的に定められた環境に関する国際的な標準規格です。この規格は，環境マネジメントシステムに関するISO14001／14004を始め，環境監査に関するISO14010／14011／14012などから構成され，とくに1996年に発行されたISO14001には，組織活動，製品およびサービスの環境負荷の低減といった環境パフォーマンスの改善を実施する仕組みが継続的に改善されるための環境マネジメントシステムを構築するための要求事項が規定されています。この規格は，企業が環境に関する目標を決定し，実行していくうえでの目標を与える指針となっており，企業自らが法令基

準より厳しい自主目標を設定したりする必要があります。そして、この目標をいかに達成させるかについての計画を立て、この計画が実行されているかの点検も自らで行うことによって、こうした一連の管理システムが認められ、規格の認証を得ることができるようになっています。

日本では、このISO14001の認証を取得した企業は、ISO14001の発行翌年の338件から、2006年9月末までに21,116件に急速に増加しました（図9-1）。また、「環境にやさしい企業行動調査」によれば、2016年度調査では、回答企業のうちISO14001の認証を取得した（全事業所または一部の事業所）企業は、上場企業で69.9％、非上場企業でも47.7％になっており、積極的に企業が環境マネジメントシステムを導入している状況をみてとることができます。

これは、企業の環境活動がこの時期までに急速に普及・発展し、企業にとっての環境活動が新たな段階へと移行してきたことの象徴であるといえます。つまり、企業の環境活動が法規制や利害関係者からのニーズによって対応していた段階から、社会的責任を果たすために、高い目標を立て積極的に取り組んでいるのです。さらには経営活動と環境活動を同軸のものとしてとらえ、営利追求と環境保全を両立していくような**環境経営**を目指す段階へと移行してきたのです。

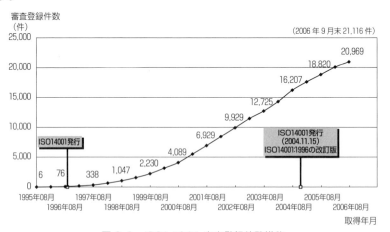

図9-1　ISO14001審査登録件数推移

（資料）（財）日本規格協会（環境管理規格審議委員会事務局）調べ
（出所）（財）日本規格協会ホームページ

(2) 環境情報開示
1) PRTR (化学物質排出移動量届出制度)

　日本の環境に関する取り組みは，世界に先駆けた環境法の制定や環境立国を目指した環境技術の高さで国際的にも高い評価を受けてきました。しかしながら，**環境汚染物質**に関する情報開示については，必ずしも先鞭をつけてきたとはいえない状況です。たとえば，日本で特定の化学物質の製造量や使用量を事業者が行政機関に年1回届け出ること義務づけている PRTR (Pollutant Release and Transfer Register：化学物質排出移動量届出制度) は，その典型的な例であるといえます。

　PRTR は，特定の化学物質の環境中への排出量や廃棄物に含まれる量を把握し，集計し，公表する仕組みで，対象としてリストアップされた化学物質を製造したり使用したりしている事業者は，環境中に排出した量と，廃棄物や下水として事業所の外へ移動させた量とを自ら把握し，行政機関に年に1回届け出ることが義務づけられています。行政機関は，そのデータを整理し集計し，また，家庭や農地，自動車などから排出されている対象化学物質の量を推計して，2つのデータを併せて公表します。したがってこの PRTR により，毎年どんな化学物質が，どの発生源から，どれだけ排出されているかを知ることができるようになります。

　日本では，環境省が OECD 理事会勧告[6]を受けて PRTR 導入に向けた取り組みを早急に進めることとし，1996年に「PRTR 技術検討会」を設置して，PRTR に係る技術的事項を検討し始めました。翌年には「PRTR 技術検討会報告書」としてとりまとめ，これをもとに PRTR 導入に向けてのパイロット事業を開始し，1999年には「特定化学物質の環境への排出量の把握等及び管理の改善の促進に関する法律」により制度化されました。そして，この法律に基づき，対象事業者は2001年度から対象化学物質の環境中への排出量等の把握を開始し，2002年度からその届出が実施され，2002年度末から毎年集計結果が公表されています。

　PRTR の先駆的なものは，1970年代にオランダで，また80年代にアメリカで導入されていましたが，その重要性が国際的に広く認められるきっかけになったのは1992年に開催された**国連環境開発会議（地球サミット）**であり，ここ

で採択された「アジェンダ21」や「リオ宣言」のなかで，PRTRの位置づけやその背景となる考え方などが示されました[7]。その後OECDによるPRTRの普及に向けての積極的な取り組みがあり，現在はOECD加盟国を始め，多くの国々がPRTRの実施や導入に向けての取り組みを行っています。すでに，アメリカ，カナダ，イギリス，オランダ，オーストラリアなどで，それぞれの国の状況に応じたPRTRが法制化されています（表9-3）。

こうした国際的なPRTR制度の実態を比較してみると，データを把握し公表する化学物質については，日本はアメリカについで多くのものを対象としています。これはその国の産業構造が反映されており，日本やアメリカのように重化学工業が発展している国では，非常に多くの種類の化学物質を取り扱っており，その結果，多くのものを対象物質としてリストアップすることにつながっています。しかしながら，PRTR制度の開始時期をみてみると，OECD主要加盟国のなかでも日本の導入は遅く，とくに先進的なアメリカやオランダからは20～30年近くも遅れての実施となっていることがわかります。

表9-3 各国のPRTR制度比較

国名	制度名	対象物質数	開始時期
日本	PRTR（化学物質排出移動量届出制度）	354	2001年
アメリカ	TRI（有害物質排出目録）	666	1987年
カナダ	NPRI（全国汚染物質排出目録）	367	1993年
オーストラリア	NPI（全国汚染物質目録）	93	1998年
イギリス	PI（汚染目録）	209	1991年
オランダ	IEI（個別排出目録システム）	67	1976年

【他のOECD加盟国の状況】
ベルギー（1993年～大気63物質，水質162物質）
デンマーク（1997年～）
フィンランド（1988年～）
ノルウェー（1992年～）
アイルランド（1996年～50物質）
スウェーデン（2000年～70物質）
イタリア（2002年～50物質）
韓国（1999年～388物質）
メキシコ（1997年～104物質）
スロバキア（2003年～50物質）
スイス（2001年～50物質）
フランス（2003年～大気43物質，水37物質，毒性・発がん性物質56物質）

（資料）PRTRインフォメーション広場（http://www.env.go.jp/chemi/prtr/about/about-3.html）より作成

2) 環境報告書

　企業の環境活動が活発化するなかで，環境に関する自らの企業行動を**環境情報**として利害関係者に情報提供する企業は増加し，その開示実態は，**環境報告書やサステナビリティ報告書**，またはCSR報告書などを用いて外部利害関係者に**環境情報開示**を行うものがほとんどです。また，その内容は単なる環境汚染物質の排出量を物量的情報として記載しているだけのものから，自らの環境活動の費用と効果を貨幣的情報として記載する**環境会計**を導入しているものまでさまざまです。さらに，環境情報開示の対象を内部利害関係者とし，環境情報を経営管理のツールとして活用している企業もあります。近年では，財務情報と，環境や社会への配慮，ガバナンスや中長期的な戦略などの非財務情報をまとめた「**統合報告書**」を発行する企業も増えてきています。

　こうした企業の環境情報開示の実態についても，環境省の「環境にやさしい企業行動調査」によってその概要を把握することができます。この調査によれば，1990年代以降，環境に関する情報の公開に取り組む企業は年々増加しており，2016年度調査においては，「一般の方を対象として情報を公表している」企業の割合は，上場企業で67.7%，非上場企業を含んだ全体では47.3%となっています。

　環境情報開示を行うには，環境活動の把握やデータの集積などにコストがかかるため，上場企業に比べて非上場企業で普及が遅れているのは当然であるものの，それでも全体で約半数の企業が一般に広く公開しているという結果となっており，環境情報開示が広く普及している実態が読み取れます。こうした結果は，まさに企業が環境問題に組織的に対応し，環境情報を利害関係者も含めた一般に広く公開していくことが企業経営に不可欠の要素となっていることを裏付けているといえます。また，こうした環境情報開示の普及は，企業の環境に対する意識が高まり，環境活動が活発になるにつれて，企業の環境情報についても積極的に開示されるようになってきていることを示しています。

　そして次に，こうした環境情報開示の媒体となる環境報告書を作成している企業について，2001年度から2016年度調査までみてみます（表9-4）。2016年度調査では，環境報告書を作成している（CSR報告書，持続可能性報告書等の一部として作成しているものも含む）企業の割合は上場企業で57.8%，非上場企業

表9-4 環境報告書の作成

環境報告書（CSR報告書・持続可能性報告書等の一部としても含む）を作成・公表している企業の割合

(単位：%)

	上場企業	非上場企業	合計
2016年度	57.8	29.8	37.9
2015年度	59.9	26.2	35.7
2014年度	65.4	28.0	39.4
2013年度	69.4	25.5	39.6
2012年度	71.1	31.5	44.3
2011年度	59.5	24.4	36.4
2010年度	56.0	25.9	36.5
2009年度	54.6	24.7	35.9
2008年度	51.6	29.3	38.3
2007年度	48.8	26.9	35.9
2006年度	51.8	28.0	37.8
2005年度	47.0	24.6	34.7
2004年度	45.3	20.8	31.7
2003年度	38.7	17.0	26.6
2002年度	34.0	12.2	21.9
2001年度	29.9	12.0	20.0

(出所) 環境省「環境にやさしい企業行動調査」より作成

では29.8％という結果になっています。また，時系列変化をみてみると，上場企業に比べて非上場企業で普及が遅れているものの，上場企業では半数以上の企業が環境報告書を作成・公開しており，非上場企業も含めた全体数とともに，着実に増加しています。とくに，2004年度には大きく増加していますが，これは，2004年に，環境省がそれまでの環境報告書ガイドラインを改訂し，「**環境報告書作成ガイドライン（2003年度版）**」を公表したことが影響しています。とくに，「環境報告書作成ガイドライン（2003年度版）」では，先駆的な欧米の環境報告書のガイドラインである **CERES**[8] や **GRI**[9] を参考に改訂を行いました。そこでは，より一層の環境報告書の普及を目指して，第1部で「環境報告書とは何か」と題して，環境報告書の定義や，基本的機能，基本的要件につ

いて解説を行い，さらに第2部で，環境報告書の記載事項を詳細に紹介したため，これが急速な普及につながりました。この他にも環境省は環境会計のガイドラインも公表していますが，こうした環境省による環境情報開示に関するさまざまなガイドラインの公表が，日本における環境情報開示の普及に大きく寄与してきたといえるでしょう。

【考えてみよう】

1. 四大公害の発生原因や行政・企業の対応についてまとめ，どのような防止策と被害者救済が行われてきたのかについて調べてみよう。
2. 環境省のアンケート調査「環境にやさしい企業行動調査」から，企業の環境への取り組み状況について調べ，その傾向を明らかにしてみよう。
3. 身近な企業や工場などでISO14001の認証取得事例を探して，その企業の環境への取り組みを調べてみよう。
4. インターネットを通じて，企業の公表している環境報告書やサステナビリティ報告書，CSR報告書をダウンロードし，環境情報開示の内容を調べてみよう。

●注
（1） 「環境基本法」（平成5（1993）年11月19日公布）第2条③
（2） アスベストの劣化問題としては，1987年の学校施設，とくに体育館等での曝露のおそれが問題になり，解体による飛散問題としては，1995年に阪神淡路大震災での倒壊家屋の解体による飛散が問題となりました。
（3） 米糠油の製造過程で使用されていたPCBが混入し，これが加熱されてダイオキシンとなり，これを摂取した人々に，色素沈着や頭痛，肝機能障害などを引き起こしましたが，現在，カネミ油症の原因物質はPCBよりもPCDF（ポリ塩化ジベンゾフラン）およびCo-PCB（コプラナーPCB）であるとする見解もあります。
（4） JESCOでは処理施設の処理の見込み量と処理単価を公表していますが，JESCOには国から事業費が交付され，さらにPCB廃棄物全体の処理費用となると，運搬費用等も加算されることになり，企業が負担する処理費用の総額は見積られていません。
（5） 環境省の「環境にやさしい企業行動調査」は，企業の環境に配慮した行動が定着し，環境保全に向けた取組を継続的に把握し，それを普及させていくことを目的として，1991年度から行われているアンケート調査です。調査対象は，従業員500人以上の上場企業及び非上場企業で，2016年度調査では，4,174社を調査対

象とし，1,674社からの有効回答を得ています。
(6) 世界の化学製品の大部分を生産する先進工業国が加盟している OECD（経済協力開発機構）は，1996年に加盟国が PRTR の導入に取り組むよう理事会勧告を発表し，併せて，各国政府が PRTR を導入することを支援するため，「PRTR ガイダンスマニュアル」を公表しました。
(7) PRTR の重要性が国際的に広く認められるきっかけになったのは，1992年にリオデジャネイロで開かれた国連環境開発会議（地球サミット）であり，ここで採択された，持続可能な開発のための行動計画である「アジェンダ21」では，PRTR を「情報の伝達・交換を通じた化学物質の管理」あるいは「化学物質のライフサイクル全体を考慮に入れたリスク削減の手法」と位置づけ，政府は国際機関や産業界と協力してこのようなシステムを充実すべきであるとしました。また，同じく地球サミットで採択された，環境と開発のための国際的な原則である「リオ宣言」では，(1) 個人が有害物質の情報を含め，国などがもつ環境に関連した情報を入手して，意思決定のプロセスに参加できなければならない，(2) 国も情報を広く利用できるようにするべきである，としており，この原則も，PRTR の背景にある重要な考え方になっています。
(8) CERES：Coalition for Environmentally Responsible Economies（環境に責任を負う経済のための連合）。CERES は，アメリカのソーシャル・インベスター，銀行，宗教組織，アナリストなどによって結成されており，この CERES によって10項目からなる環境報告書の作成指針としての CERES 原則が発表されました。そして，この原則に従って作成される13項目からなる CERES レポートは，国際的な環境報告書のフォーマットとしては初めての試みでした。
(9) GRI：Global Reporting Initiative。GRI は CERES が UNEP（国連環境計画）と連携して，世界の環境報告書に取り組む団体や個人に呼びかけ，全世界で適用可能な持続可能性報告のガイドラインの策定とその普及を使命として組織されました。そして2000年6月には「経済的・環境的・社会的パフォーマンスを報告する持続可能性報告のガイドライン」を発表しました。その後，2002年にはこれを改訂して「GRI2002」を発表しました。この GRI ガイドラインでは，報告される情報に必要とされる主な定性的特性を示しており，さらに前提とする原則も提示し，環境報告書に記載されるべき内容を詳細に列挙しています。GRI は，その後も改訂を重ね，2016年には，共通スタンダード，経済項目，環境項目，社会項目で構成される「GRI スタンダード」を発表しました。

◆ 参考文献
・上妻義直編著（2006）『環境報告書の保証』同文舘出版

- 河野正男（2006）『環境会計の構築と国際的発展』森山書店
- 國部克彦・角田季美枝編著（1999）『環境情報ディスクロージャーと企業戦略』東洋経済新報社
- 柴田英樹・梨岡英理子（2006）『進化する環境会計』中央経済社
- 菅生直美（2008）「財務諸表のなかの環境問題―環境負債について―」『企業会計』Vol. 60 No. 3，中央経済社
- 鈴木幸毅他（2001）『地球環境問題と各国・企業の環境対応』税務経理協会
- （社団法人）土壌環境センター（2000）「我が国における土壌汚染対策費用の推定（土壌汚染調査費用の推定，土壌汚染浄化費用の推定）」
- 藤井良広編著（2008）『環境債務の実務』中央経済社
- 松下和夫（2002）『環境ガバナンス―市民・企業・自治体・政府の役割―』岩波書店
- 山上達人・向山敦夫・國部克彦（2005）『環境会計の新しい展開』白桃書房
- 山口光恒（2001）『地球環境問題と企業』岩波書店
- 環境省「環境にやさしい企業行動調査」平成13年度～平成28年度
- （財団法人）日本規格協会「ISO14001審査登録件数推移」(http://www.jsa.or.jp/stdz/iso/graph/graph1.pdf)
- Global Reporting Initiative（2000）*Sustainability Reporting Guidelines on Economic, Environmental, and Social Performance.*

Part II 経済と社会

少子化と日本社会

第10章

　先進諸国ではいずれの国でも少子化が進んでいます。そのなかでも日本はその進行が速く，さまざまな問題が顕在化しつつあります。ここでは，日本における少子化（少子高齢化）の状況を各種「白書」のデータと主要な研究を手がかりに考察していきます。まず，最初に戦後から今日に至る日本の少子化について時系列的にサーベイし，山田昌弘が指摘するような少子化の日本的構造を明らかにします。そして，その原因について先進諸国一般にみられる要因とともに，特殊日本的ともいうべき要因を紹介します。それらの作業を踏まえ，最後にあるべき少子化対策について考えてみます。

キーワード

年少人口，生産年齢人口，高齢者人口，団塊世代，団塊世代ジュニア，合計特殊出生率，1.57ショック，人口置換水準，完結出生児数，未婚率，緩少子化，超少子化，男女共同参画，エンゼルプラン，パラサイト・シングル，高齢化率

1 日本の少子化の現状

(1) 合計特殊出生率と出生数の推移

少子化とは，出生率が持続的に低下して，子どもの数が少なくなっていくことをいいます。一般に少子化は「**合計特殊出生率**」(女性1人が一生の間に産む平均子ども数)で表されます[1]。日本では，1975年以降，出生率低下が続いています。89年の合計特殊出生率が1.57と戦後最低となり「1.57ショック」と呼ばれ，少子化が社会問題となりました。90年頃までは，夫婦の産む子ども数は約2.2人と安定しており，少子化の原因は未婚者の増大で説明できましたが，近年，夫婦の出産数は減少に転じ，少子化に拍車がかかっています。2005年の合計特殊出生率は1.26と史上最低を記録し，2006年以降，多少回復したものの，依然低水準で推移しています。

出生数についてみれば，第1次ベビーブーム期には約270万人，第2次ベビーブーム期には約200万人でしたが，1975年に200万人を割り込み，それ以降，毎年減少し続けました。1984年には150万人を割り込み，1991年以降は増加

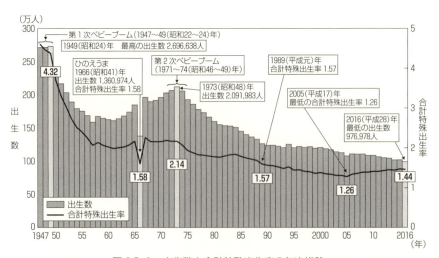

図10-1　出生数と合計特殊出生率の年次推移

(出所) 厚生労働省『平成30年版　少子化社会政策白書』p.6

と減少を繰り返しながら，緩やかな減少傾向を示しています。

　ちなみに，合計特殊出生率が2.07であれば，人口は増加も減少もしない均衡した状態になるといわれます（『平成17年版 厚生労働白書』）。この水準が**人口置換水準**です。つまり，1人の女性が約2.07人子どもを産めば，計算上，日本の人口は長期的に変動しないというわけです。では，なぜ2.00ではなく2.07か。このプラス0.07は，人間は生物学的に女性より男性が5％程度多く生まれるという事実と，女性が子どもを産める年齢になるまでに死亡する確率を考慮した数値なのです。理論的には，女性が一定年齢に育つ女性を一生の間に平均1人産んだとすれば，長期的に人口の増減はないことになります。

(2) 総人口の減少と人口構造

　今後，わが国の人口はどのように推移していくのでしょうか。

　図10-1からわかるように，厚生労働省『平成30年版　少子化社会白書』によれば，合計特殊出生率は，2010年から2016年にかけて概ね1.4台前半で推移しています。その後2020年代半ばに1.33に至るまで緩やかに低下し，以後やや上昇して2030年の1.34を経て，2060年には1.35になると仮定されています。このような仮定に基づいて試算すると，日本の総人口は，2010年の1億2,806万人から長期の人口減少過程に入り，2030年の1億1,913万人を経て，2055年には1億人を割って9,744万人となり，2065年には8,808万人になることが見込まれます。

　そして，人口構造についても大きく変化していくことが指摘されています。

　年齢3区分別の人口規模および全体に占める割合の推移についてみると，まず**年少人口**（0～14歳）は，2017年の1,559万人から，2025年に1,407万人に減少し，2060年には951万人になります。その総人口に占める割合は，2010年の13.1％から低下を続け，2017年には12.3％，2025年に11.5％となり，2065年には10.2％となります。

　次に，**生産年齢人口**（15～64歳）については，2010年の8,103万人から減少し続け，2065年には4,529万人になります。総人口に占める割合は，2000年代に入ると低下し続け，2017年には60％，2065年には51.4％となります。

　また，高齢者人口（65歳以上）については，2010年の2,924万人から，**団塊世代**

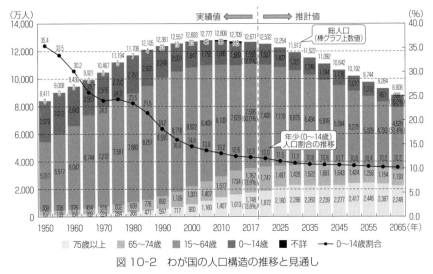

図 10-2　わが国の人口構造の推移と見通し

(出所) 厚生労働省『平成30年版　少子化社会政策白書』p.4

が参入を始める2012年に3,000万人を上回り，緩やかな増加を続けて，第2次ベビーブーム世代が高齢者人口に入った2042年にピークを迎えます。その後は減少に転じ，2060年には3,541万人となります。その総人口に占める割合は，2010年以降上昇を続けて，2065年には38.4％に達します。高齢者人口自体は2042年をピークに減少し始めますが，年少人口と生産年齢人口の減少が続くため，高齢者人口割合は相対的に上昇し続けることとなります。

(3) 少子化問題の認識

次の文は，ある『白書』の「はしがき」のなかのものです。

> 我が国の出生率は近年顕著な低下傾向を示しており，先進諸国の中でもとくにめだったものとなっている。〈中略〉
> 少子化の背景には，若者の結婚観の変化，女性の職場進出と家族のあり方の変化，子供の教育の問題，住宅をはじめ居住環境の立ち遅れなど我々が生活を営む中で直面するさまざまな問題がある。〈中略〉
> 女性の職場進出は，労働力需要の高い伸びが続く中，経済的自立を求める考

えや家計補助の必要性，職場を通じて生きがいや幅広い人間関係を求めようとする考え方等を背景に進展している。こうした女性の就業率の高まりは，女性の結婚観に影響を及ぼすのみならず，家庭における育児や家事についての夫婦の役割分担などについて，従来の考え方に変容をせまっている。〈中略〉

　さらに，出生率の低下は，高齢化の急速な展開とあいまって子供や若者の少ない少子社会をもたらし，若年・中年層に社会的な負担が増大するとともに，社会全体として変化に対する対応力や未知なるものへの挑戦の精神が薄れるおそれもあり，長期的にみて我が国の社会や経済に多大な影響を及ぼすことが考えられる。

　この文章は，現在指摘されている少子化問題のポイントを突いていますが，実は1992（平成4）年の『国民生活白書―少子社会の到来，その影響と対応―』の「はしがき」のもので，実に20年前に書かれているのです。ということは，少子化問題はすでに20年前に認識されていたともいえます。

　1990年代初頭といえば，バブル経済の末期であり，将来見通しについても未だ楽観ムードが漂っていました。そのなかで，このまま少子化が進行すれば，経済成長の鈍化から現役世代の負担の増大まで，さまざまな社会問題が将来起こるであろうことが，当白書では指摘されており，女性労働力の活用や子どもをもつ女性が働きやすい環境を整えることの必要性など，少子化対策の多くがすでに示されているのです。

　まさに，山田昌弘がいうように「もし，この白書が真剣に受け取られ，大胆な政策転換が行われていたら，ここまで少子化が深刻化することはなかった」（山田，2007：4）という思いを強くします。1992年という年は，人口規模が大きい**団塊ジュニア世代**は成人し始めたばかりで，まだ出産適齢期に入っておらず，合計特殊出生率も1.53（1991年）と，ドイツ，イタリアより高く英仏などヨーロッパ諸国と比べ遜色ない水準であったからです。団塊ジュニア世代が直前の世代と同程度の割合で結婚し，出産すれば，少子化問題は現在のように深刻化することはなかったかもしれません。

　当時の人口学者には，日本の少子化は見かけのもので，いずれ出生率は回復するという見方をする者が多く，それは，結婚年齢が2，3歳高くなっても，いずれほとんどの女性は結婚して子どもを2人はもつはずという仮定をしていました。当時の政策当局者もそうした予測に依拠し，事態を楽観視していた向

きがありました⁽²⁾。

その後，1998年の『平成10年版　厚生白書―少子社会を考える―』において，低下する合計特殊出生率に危機感を抱いた政府は，保育所の整備など，子育て支援策を展開し始めますが，それも十分なものではなく今日に至っているといえるでしょう。そして，そこには働く女性への支援が強化されれば，女性の多くは結婚し子どもを産み始めるという楽観的な見方があったといえそうです。

少子化の日本的構造

日本における少子化の全体的状況は，上にみたとおりですが，さらに日本の少子化については，次のような特徴が見いだせます。

図10-1からわかるように，戦後日本において少子化は2度起きているということができます。1回目は1950～55年，2回目は1975年以降今日まで。とくに1回目の少子化は急激であり，合計特殊出生率は半減しています。

山田昌弘は，こうした戦後日本の少子化について，社会学的視点から以下のような特徴を指摘しています（山田，2007：25-30）。

(1) 1950～55年〈「家族の画一化」をともなった少子化〉

日本では，戦後の第1次ベビーブームの後，1950～55年にかけて子ども数が急減しました。1949年に約270万人であった出生が，1955年頃は170万0人台へと，6年で約100万人減少しています。合計特殊出生率も，第一次ベビーブーム期（1947～50年）4.3を超えていたものが，1955年頃にはほぼ半減状態になっています。当時の子ども数の減少は，どの地域，どの家族にも，比較的，平均的に起こっています。つまり，全国各地で同じように子ども数が減っています。それは，この時期の少子化（少産化）が，4人産むスタイルから2人産むスタイルが標準となったことによりもたらされたといえます。地域的には，全国で人口増加のスピードが落ち，家族的には，ほとんどの若者が結婚するなかで，子どもを2人産むという家族が多数派になったことを意味します。

戦前の家族形態は，戦後に比べれば多様であり，5・6人産む家族もあれば，さらに，非嫡出子率（未婚の母から生まれる子の割合）も高かったといわれます。つまり，戦後になって「家族の画一化」が起こり，平均的にみれば，日本人は少産化の途をたどり始めたというわけです。

(2) 1975年以降〈「家族格差と地域格差の拡大」をともなった少子化〉

しかし，1975年以降から現在に至る少子化は，地域や家族の格差をともないながら進行している点に注目する必要があります。

1) 地域格差

表10-1は，都道府県別出生数の減少率について，日本の人口減少が始まった年といわれる2005年とその5年前の1995年とを比較し，減少率が高い上位10都道府県と減少率が低い下位10都道府県を示すとともに，それぞれに各都道府県の2005年と2010年を比較した数値を付記したものです。

出生数の減少には，地域ごとにそのスピードに違いがみられます。1995年，2005年，さらに2010年と，順に出生数を比べてみると，全国では，1995年から2005年で118万7,000人から2005年の106万2,500人に減少し，2010年は107万1,000人とほぼ横ばい状態になっています。都道府県別にみると（表10-1），東京都では，9万6,823人から9万6,542人と横ばい，しかも2010年には10万8,135人となり2005年に比べれば20.5％も増加しています。青森県では1万3973人（1995年）から1万524人（2005年）へと25％も減少しており，2010年も9,711人と減少傾向は続いています。

出生数から死亡数を差し引いた人口の自然増加数をみても，2005年，2010年ともに，東京や神奈川，千葉，埼玉，愛知など大都市圏を抱える都府県ではプラスを保っています。北海道，東北，四国，山陰，九州（福岡や沖縄を除く）の過疎地を抱える道県では大幅なマイナスとなっています。

こうした事実は，一見，合計特殊出生率のデータと矛盾するように思われます。合計特殊出生率は，大都市圏は平均より低く，逆に地方では平均より高くなる傾向があります。

東京都の合計特殊出生率は，最低で2005年では1.0（23区では0.95）となって

表 10-1　都道府県別出生数の減少率
1995～2005 年において減少率が高かった上位 10 都道府県

都道府県名	1995 年 (人)	2005 年 (人)	1995～2005 年の減少率 (%) [減少数]	2010 年 (人)	2005～2010 年の減少率 (%) [減少数]
青森	13,972	10,524	24.7 [3,448]	9,711	7.7 [813]
秋田	9,995	7,695	23.0 [2,298]	6,688	13.1 [1,007]
徳島	7,472	5,913	20.9 [1,559]	5,904	0.15 [9]
和歌山	9,879	7,835	20.7 [2,044]	7,587	3.2 [248]
山梨	8,833	7,149	19.0 [1,684]	6,651	7.0 [498]
岩手	13,021	10,545	19.0 [2,476]	9,745	7.6 [800]
山形	11,507	9,357	18.7 [2,150]	8,651	8.6 [802]
新潟	22,694	18,505	18.5 [4,189]	1,8083	2.3 [422]
長崎	14,780	12,148	17.8 [2,632]	12,004	1.2 [144]
福島	21,306	17,538	17.7 [3,768]	16,126	8.1 [1,412]

1995～2005 年において減少率が低かった下位 10 都道府県

都道府県名	1995 年 (人)	2005 年 (人)	1995～2005 年の減少率 (%) [減少数]	2010 年 (人)	2005～2010 年の減少率 (%) [減少数] ※は増加率 [増加数]
東京	96,823	96,542	0.2 [281]	108,135	※ 20.5 [11,593]
滋賀	13,320	12,899	3.2 [421]	13,363	※ 3.6 [464]
沖縄	16,751	16,115	3.8 [636]	17,098	※ 6.1 [983]
神奈川	80,692	76,196	5.6 [4,496]	78,077	※ 2.5 [1,881]
香川	9,301	8,686	6.6 [615]	8,397	3.3 [289]
愛知	71,899	6,7110	6.7 [4,789]	6,9872	※ 4.1 [2,767]
栃木	18,662	17,363	7.0 [1,299]	16,473	※ 5.4 [890]
千葉	54,388	50,588	7.0 [3,800]	51,633	※ 2.1 [1,045]
京都	23,219	21,560	7.1 [1,695]	21,234	※ 1.5 [326]
福岡	46,849	43,421	7.3 [3,428]	46,818	※ 7.8 [3,397]

(資料)「人口動態統計」，山田昌弘『少子社会日本』岩波書店，2007 年，p.26 より作成

います。にもかかわらず，子ども数が減らないのは，地方から東京など大都市部に若者が流入しているからです。若い女性が地方から都市部に来れば，合計特殊出生率の分母が増えます。女性 1 人当たりの子ども数は少なくなっても，出産の絶対数は多くなるから，その結果，合計特殊出生率は低下することにな

表10-2 地域の合計特殊出生率

(2005年の全国平均=1.26)

首都圏	2005年の合計特殊出生率	東北地域	2005年の合計特殊出生率
東京都	1.00	青森県	1.29
千葉県	1.22	秋田県	1.34
埼玉県	1.22	岩手県	1.41
神奈川県	1.19	山形県	1.45
東京都区部	0.95		
横浜市	1.18		
川崎市	1.18		

(資料)「人口動態統計」より作成

ります。逆に、地方では、若者が流出すれば分母は減る。したがって、合計特殊出生率は高くなります。

こうして、日本の人口減少は、人口が横ばいとなる都府県と、人口が大きく減少する道県との格差が拡大しながら進行することになります[3]。

2) 未婚率の上昇と家族格差

未婚率の急上昇も指摘しておかねばなりません。ちなみに、2010年段階で30～34歳の人のうち、未婚女性は34.5%、未婚男性は47.3%。30代前半の男性のうち約2人に1人、女性では約3人に1人は結婚していないことになります。そして、図10-3からわかるように、80年代以降、急激に未婚率は高まっており、晩婚化が加速しています。

こうした事実とともに、注目しておくべきところは、配偶者や子どもをもって一生を終える人の割合が減少し、子どもがいない夫婦、独身で暮す人が増加しており、その傾向はさらに強まるという点です。2030年には、40歳の日本人女性で、結婚して子どものいる人は60%強にすぎず、約40%は子どもがいない(4人に1人は結婚していない)という予測が成り立ちます。なお、男性の結婚率は女性に比べてかなり低く、子どものいない男性は40%以上ということになります。

1975年から始まる日本の少子化は、単に各夫婦の子ども数が一様に減っているわけではありません。それは、結婚する人としない人に分かれ、さらに結

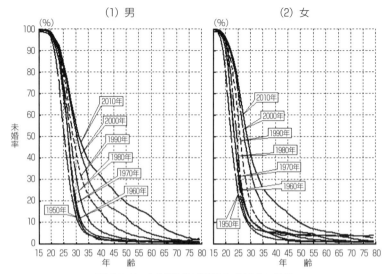

図 10-3　年齢別（5歳階級）未婚率の推移

(出所) 国立社会保障・人口問題研究所「人口統計資料集 (2012)」

表 10-3　出生子ども数分布の推移　（結婚持続期間 15〜19 年）

	0人	1人	2人	3人	4人	完結出生児数
1992 年	3.1	9.3	56.4	26.5	4.8	2.21
1997 年	3.7	9.8	53.6	27.9	5.0	2.21
2002 年	3.4	8.9	53.2	30.2	4.2	2.23
2005 年	5.6	11.7	56.0	22.4	4.3	2.09
2010 年	6.4	15.9	56.2	19.4	2.2	1.96
2015 年	6.2	18.6	54.1	17.8	3.3	1.94

注：完結出生児数とは，結婚からの経過期間が 15〜19 年の夫婦の平均出生子ども数であり，夫婦の最終的な平均出生子ども数とみなされる。
（資料）国立社会保障・人口問題研究所「第 15 回出生動向基本調査」(2015 年) より作成

婚して子どもをもつ人ともたない人に分かれます。しかも，子どもをもつ人の場合，その子ども数は 2 人が約半数を占め，2 人または 3 人の夫婦は 70% 以上を占めているのです（表 10-3）。

3 なぜ少子化は進行するのか

(1) 先進諸国の少子化現象——同一点と相違点

少子化は，日本だけの問題ではありません。欧米先進国でも出生率が人口置換水準を下回っているのです。その背景にはいくつかの共通点があります。

まず，一般に経済学的視点に立って，子どもの効用の減少と不効用の増大があげられます。ここでいう子どもの効用とは，①親の喜びや満足をもたらすという情緒的効用，②子どもが働くことによって収益がもたらされるという労働効用，③子どもに老後を看てもらうという生活保障効用の3つです。また，不効用とは子どもを養育し教育するためにかかる費用のことです。

社会学的視点から「成人期への移行」の遅れという側面も指摘されます。この「成人期への移行」（transition to adulthood）とは，学校を卒業して就職する，親元を離れて独立し，パートナーを見つけて新しい家族を形成するなど，ライフコースにおける一連の事象を包括する概念です。現代社会では，青年が「おとな」として期待される役割を獲得する過程を指すわけで，先進諸国ではこの過程が延びており，そのことが未婚率の上昇，そして少子化と密接に関連しているといえます。

しかし，相違点もみられます。すなわち，合計特殊出生率1.5を境にして，比較的緩やかな少子化の国と非常に厳しい少子化の国に分かれる傾向があるのです。前者を**緩少子化**（moderately low fertility）の国，後者を**超少子化**（very low fertility）の国といいます（佐藤，2008：11-23）。表10-4は，緩少子化国と超少子化国の例です。ではなぜ，この2つのグループに分かれたのでしようか。

佐藤は，男女のパートナーシップに関する文化的・歴史的背景の違いを指摘し

表10-4 主要先進国の合計特殊出生率（2010年）

	国	合計特殊出生率
緩少子化国	アメリカ	1.93
	フランス	2.01
	スウェーデン	1.98
	イギリス	2.00
超少子化国	イタリア	1.40
	ドイツ	1.39
	日本	1.39
	韓国	1.23

（資料）厚生労働所『平成24年版 子ども・子育て白書』より作成

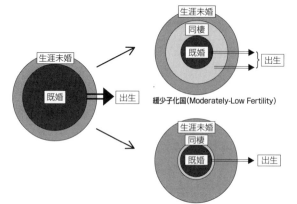

図10-4　男女のパートナーシップのあり方と出生力（概念図）
（出所）佐藤龍三郎「日本の「超少子化」―その原因と政策対応をめぐって―」『人口問題研究』64 (2)，2008年，p.18

ています。図10-4に示すように，かつてどこでも大部分の女性が結婚して子どもを産むことにより，人口置換水準以上の出生率が維持されていましたが，いずれの国でも未婚率の上昇とともに少子化（合計特殊出生率の低下）が進行することになります。しかし，そこで反応が2つに分かれたというのが佐藤の説明です。

すなわち，緩少子化国では，結婚（法律婚）という形をとるか否かは別として男女のパートナーシップは強固（「カップル文化」の存在）であり，未婚率上昇（結婚率低下）が同棲と婚外出産によってある程度代償され，出生力低下は一定の水準に止まっています。これに対して超少子化国の国々では，結婚（法律婚）以外の男女のパートナーシップが脆弱である故に，結婚率の低下がそのまま地滑り的出生率低下をもたらしているという訳です。無論，この2つのグループにそれぞれ異なる社会経済的背景もある訳ですが（ヨーロッパでは婚外子も対等に子育て支援が受けられるなど），こうした事実は注目しておく必要があります（佐藤，2008：18）。

超少子化国である日本においても，未婚率の上昇（結婚率の低下）と出生率の低下はフランスやイギリスなどより密接にかかわっているといえます。日本では未婚（同棲を含む）のカップルに子どもが生まれる，あるいは妊娠が判明した

場合，即座に結婚（法律婚）するケース，いわゆる「できちゃった婚」に至ることは少なくありません。国立社会保障・人口問題研究所の「第14回出生動向基本調査」(2010年) によれば，夫婦が最終的に結婚を決めたきっかけとして「子どもができた」は実に20.2％にものぼり，「年齢的に適当な時期と感じた」の48.3％，「できるだけ早く一緒に暮らしたかった」の23.9％に次ぎ，3番目に来ています。こうした事実は，日本では「子どもをもつこと」は結婚（法律婚）という通過儀礼が前提となっていること，したがって子どもの出生と結婚（法律婚）が密接な関係にあることを傍証するものです。

(2) 日本における少子化の原因
1) 働く女性の増加と子育て支援の遅れ

　日本では，先にみたように，少子化問題は1992年の『国民生活白書』においても事実上把握されていました。そして，1994年には「**エンゼルプラン**」が提示され，厚生省（現厚生労働省）は総額584億円を予算計上し「エンゼルプランプレリュード」をスタートさせています。さらにその充実を図るべく1999年には「新エンゼルプラン」が公表されるに至っています。この時期「エンゼルプラン」の一端として試みられた施策は，幼稚園の教育要領の改訂（低年齢児保育の促進），保育時間の延長，また育児休業法の制定など，働く母親（女性）を支援するものでした。

　当時のこうした動向に呼応するかのように，**男女共同参画**の徹底を期す新しい「家族政策」の必要性が主張され始めます。当時の政府少子化関連審議会の専門委員であった鈴木りえこは，少子化を女性のサイレント・レヴォリューションととらえて，女性の望む生き方と「産み育てる営み」の両立抜きに，その改善は不可能であること，少子化問題の原因は当時の女性の置かれた状況そのものであることを指摘しています。同氏は，子どもの教育費が国の負担であり，婚外子に関する差別もなく，専業主婦への税制の優遇措置もないスウェーデンを念頭に置きつつ，日本がいま押し進めるべきことは，家族成員とくに男女間の平等を徹底させ，そのための育児支援を充実することであると主張します（鈴木，2000）。

　1970年代中ごろ以降，女性の高学歴化と社会進出が顕著になってきます。

80年代に入ると男女雇用機会均等法の制定を中心に，女性の雇用促進を促す法令が整備されてきますが，一方において働く女性の子育て支援問題もより顕在化してきます。確かに，女性の仕事と子育ての両立を支援するしくみ作りが遅れていたということが少子化のひとつの要因であることは間違いありません。

2) 若者の未婚率の上昇とパラサイト・シングル現象

　少子化の原因と対策に関する議論は，一般に（働く）女性の側にもっぱら光が当てられますが，山田昌弘のように社会経済状況を念頭に置き，若年男性の状況に注目してみれば，問題状況が違ってみえてきます。

　すなわち，社会経済状況を視野に入れ，経済の長期低迷／経済格差の拡大→若年男性の期待水準より低い所得水準→結婚の先送り／未婚化→少子化の加速，という文脈で日本の少子化現象を考えてみることは重要です。

　1975年以降，ポスト団塊世代が結婚適齢期をむかえましたが，その時期，高度経済成長を経験した日本社会は生活水準の上昇とともに経済生活と子育てへの期待水準も上昇しています。その期待水準の上昇にともなって若者が稼ぎ出す収入の将来見通しも上昇すれば，少子化は起きなかったかもしれません。豊かな親元で育ち結婚生活や子育てに期待する生活水準が上昇する一方，低成長経済下では若年男性の収入の大きな伸びは期待できなくなり，その結果，晩婚化，未婚化が進みます。1975年以降この傾向はみられ，1990年代以降とりわけバブル経済崩壊以降，とみに顕著に現れたと考えられます。

　山田は，多くの論者が，女性の社会進出が少子化の原因，もしくは，女性が社会進出しているのに，仕事と育児の両立の条件が整っていないことが少子化の原因であると主張しているのに対して，異を唱えます（山田，2007：7-14）。確かに，女性の社会進出は，少子化のひとつの要因ではあるものの，「主因」ではなく，むしろそれは，少子化の原因となった構造変動（経済の長期低迷→若年男性の期待水準より低い所得水準→結婚の先送り）が作り出したものと考えられるのです。

　よく，20代後半や30代前半の女性の就労率が上がっていることが，少子化の原因として語られますが，山田によれば，これは，全くの誤りで，就労率の上昇は未婚化の結果ということになります。結婚したら仕事をやめたいと思っ

ている若年女性が結婚していないから働き続ける。結婚相手がみつからないまま年を重ねれば，20代後半，30代前半の女性の就労率が上がるということになるというわけです。

では，少子化の主因は何か。日本の少子化の主因は，①「若年男性の収入の不安定化」と②「**パラサイト・シングル現象**」の合わせ技と山田はいいます。パラサイト・シングルとは，「学卒後も親に基本的生活を依存する独身者」のことです。また，副次的な要因として「男女交際が自由化された」こともあげられます。しかし，あくまで，少子化は，①と②2つが揃って起こるもので，それぞれ単独で作用しても起こりません。

たとえば，収入の不安定化だけが原因とは考えらません。海外の事情をみてみましょう。若年男性の雇用の不安定化，そして，収入の格差拡大は，1980年代以降，あらゆる先進国で生じています。アメリカやイギリスでは，日本以上に収入の格差拡大が進んでいます。フランスやドイツなどヨーロッパでは，日本以上に若年者の失業率は高く，福祉国家で知られる北欧諸国でも所得格差は拡大しています。

しかし，アメリカの状況をみると，日本では考えにくい現実があります。それは，1人暮らしができないから，結婚を急ぐという実態があることです。1人で暮らすよりも，2人一緒に生活して，2人の収入を合わせた方が，生活は楽になります。そこで，未婚者はもちろん，離婚した人も再婚を急ぎます。その結果，結婚が増え，子どもが生まれます。雇用が不安定であるにもかかわらず，アメリカの出生率が高い背景には，こうした事情があります。北西ヨーロッパ（北欧，フランス，ベネルクス諸国，ドイツ）でも，似たような事情があるようです。こちらは，収入が少ない若者が同棲を始めて子どもが生まれても，福祉制度が整っているために生活できます。アングロサクソン諸国や北西ヨーロッパでは，子どもが成人したら親から離れて生活することが一般的です。故に，若年者の雇用の悪化は，結婚を促す要因となっても，結婚を妨げる要因にはならないのです。

これに対して，日本では，親と同居の未婚者が多く，1人暮らしは少なくなります。とくにフリーターなど低収入の若者は，1人暮らしすれば貧困に陥るので，親と同居している場合が多い。欧米とは違って，未婚の子どもが独立し

て生活することを当然とみなさず、それを望まない親も多いようです[4]。

4 少子化の問題点とその対応策

(1) 少子化の問題点

　人口構成が変わらずに総人口が減少すれば、大きな問題も生じないでしょう。しかし、現在進行中の少子化は、子どもの数が少なくなり、高齢者の割合が増えていく少子高齢化であるという点が問題なのです。子どもの数が減り続ければ、それにともなって労働人口割合が低下します。そして、高齢者の人数のみが増加し、高齢者の割合が高まります。寿命の延びを考えなくても、少子化は、高齢化、すなわち人口のなかでの高齢者割合の増加に繋がります。

　2010年段階で日本の65歳以上の高齢者人口は2,926万人で、**高齢化率**（65歳以上の高齢者の割合）は23.3%となっています（『平成30年版 少子化社会政策白書』）。1990年には21%であったことを考えると、極めて「急速な」高齢化が進んでいることがわかります。このまま、少子化が進行すると、結果的に高齢者の割合が増えて、2025年には30%の大台に乗り、2055年には、38%台になると試算されています。平均寿命の延びも予測され、人数も増加します。ただ、2020年代には頭打ちとなり、2065年には3,381万人になると予測されます。しかし、その時、15歳未満の子ども数はわずか898万人（10.2%）となり、約高齢者4人に子ども1人の割合となります。

　少子化の結果として、このように人口構成が変化すれば、①年金などの社会保障負担の増大、②労働力不足、③経済成長の鈍化などの問題が深刻化することは確実です。

　まず、社会保障の問題がより深刻化します。現在、原則65歳以上の高齢者には、公的年金が支給されています。日本の年金制度は、出発点では自らの老後の年金基金は自ら積み立てていくという積立方式の考え方に基づいて運営されていたものの、途中で修正され（修正積立方式に変更）、現在は、現役世代が支払っている拠出金で高齢者の年金を賄うという賦課方式に実質的になっています。年金を受け取る高齢者が増え、働く現役世代の人口が減ると、その分、

年金財政が破綻することが懸念されます。医療保険についていえば，高齢者は有病率が高く，実質的に，現役世代の掛け金によって高齢者の医療費は払われています。そのため，少子高齢化は健康保険財政にも悪影響を与えるのです。さらに，介護保険となると，その財政状況が急速に悪化することはいうまでもありません。

次に，労働力不足が問題となります。日本は，働いている高齢者が他の先進国に比べて多い社会であるといわれていますが，今後，後期高齢者といわれる75歳以上の人が増えます（図10-2）。そうなると，日本でも75歳以上の人の労働力率は低く，有病率，要介護率などが高まり，仕事を離れる人が増えるはずです。一方，少子化により，働く世代は今後減少していきます。その結果，労働力不足が深刻化します。

そして，総需要の減少にともなう経済成長鈍化も懸念されます。確かに，高

少子化のプラス面はあるか？

　少子化の影響としてはマイナス面の影響が一般に論じられますが，プラス面を指摘する論者もいます。たとえば，生活面では，環境負荷の低減，大都市部等での住宅・土地問題や交通混雑等過密にともなう諸問題の改善など，ゆとりある生活環境の形成が可能となることが考えられます。1人当たりの社会資本の量の増加，教育面では，密度の濃い教育の実現や受験戦争の緩和などプラス面の影響を指摘する意見もあります。こうした指摘は確かに一面では当たっていますが，ただそれらはあくまで短期的な影響に止まるものでしょう。

　さまざまな局面において少子化を考えてみると，マイナス面がプラス面を打ち消しているようです。経済成長の低下が生活水準の低下をもたらす以上は生活にゆとりはなくなるという見方が有力です。人口減少にともない教育サービスの供給も制約され密度の濃い教育にはつながらないとする意見もあります。さらに，子ども数の減少による子ども同士，とくに異年齢の子ども同士の交流の機会の減少，過保護化などにより，子どもの社会性が育まれにくくなるなど，子ども自身の健やかな成長への影響も懸念されます。

齢者になると消費性向は上昇するものの，所得の絶対額は減少することが多いため，高齢化が進むと社会全体として消費額は減少傾向を示します。消費額からみれば現役世代（とくに壮年層）の貢献度は極めて大きく，そうした現役世代の人口の減少は，当然，社会全体の需要の伸び悩みあるいは低減を招きます。そのような需要が低迷するところでは，企業の積極的な事業展開は望めず，それが経済成長に悪影響を及ぼすことになります。

(2) 少子化対策
1) 福祉政策と産業政策

このような少子化，さらにいえば少子高齢化の問題点に対して，人口減少社会や少子高齢化は問題視することはないという立場の論者も少なくありません（赤川，2004など）。確かに，将来を見据えたしっかりした制度が構築されれば，少子化がもたらす弊害は軽減あるいは解消されることが期待できるでしょう。具体的には，まずは上の問題点への対応策をしっかり講じることです。

①年金や健康保険などの社会保障に関しては，何らかの形でその負担割合や負担方式を変える対策が求められます。年金に関しては，年金財政を健全化させるためには，現役世代の拠出を増やし，高齢者が受け取る年金額を抑えるという方法以外はなさそうです。健康保険に関しても，保険料を値上げし，高齢者自身に現状以上の負担を強いるということになるでしょう。無駄を省く財政健全化を急ぐのは当然ですが，それにしても打ち出の小槌的制度はあり得ず，税金や保険料などの国民負担の増加は避けられません。要は少子高齢化によって生じる負担を覚悟し，それをどのように公平に分担するかを真剣に検討することが切に望まれます。

②労働力不足に対しては，女性や高齢者自身の就業率を上げるという対策が推奨されます。日本は，70年代以降，社会のあらゆる分野で活躍する女性が増えましたが，しかし女性の就業率，とりわけ30歳代のそれは諸先進国に比べれば低く，さまざまな年代の女性が働きやすい環境を整えることがより求められます。ちなみに，2010年段階の30〜34歳の女性の就業率は，日本が64.2％であるのに対して，イギリス71.2％，ドイツ72.6％，フランス73.9％となっており，これら各国に比べ日本は10％も低くなっています（労働政策研究・研

修機構，2012：78-79)。30歳代となれば子育て（育児）期の女性が多くなります。その点を考えるとそれらの年齢層への子育て支援がとりわけ重要になってきます。

　高齢者で働く人は，現状でも諸外国に比べて多いですが，これから高齢者になる人にも，働きやすい環境を整備することは必要です。さらに，外国人労働者の導入も考えられます。実際，製造業など一部の領域ではすでに外国人労働者の受け入れが行われており，看護・福祉の領域などでこれから増加していくことが考えられます。

　③経済成長に関しては，国際的に魅力のある事業環境を創出したり，高付加価値産業の育成を図り，国民1人当たりの生産性を上げる合理化努力が行われれば，需要減が恒常化しても，経済成長をプラスに保つことは可能でしょう。

　これらの対策が実施されなければ，少子化の問題は顕在化していくし，それらが行われれば人口減少を危惧することはないでしょう。しかしながら，こうした少子化対策の効果は短期間で現れることはなく，（子どもが成人して労働力人口に加わる時間を考慮すると）少なくとも四半世紀ほど待たないと明確には現れません。したがって，これらの対策が早急になされることが望まれます。

2）少子化対策に求められる視点

　また，先に見たように，70年代以降の日本の少子化は，地域格差をともなって進行しています。したがって，日本の少子化対策はこの問題を前提としたものでなくてはなりません。

　たとえば，地方，および，活性化していない地域は，子ども数の減少による自然減と若者の流出による社会減によって，人口減少と高齢者割合の増加という二重の問題を抱えることになります。生産のための労働力不足だけでなく，人口減少地域からはサービス業も規模の縮小あるいは撤退を余儀なくされるでしょう。社会保障に関してみれば，地域レベルで自立的に社会保障財政を維持していくことは不可能になります。経済的に活性化しており，若者，富裕な高齢者が多い地域では，地域の社会保障財政は維持していけるかもしれません。しかし，急速な高齢化が進む地域では，現役世代の拠出が少ないだけでなく，資産はなく収入も少ない高齢者が多く，若者が高齢者を支える賦課方式をとろうが，富裕な高齢者が低収入の高齢者を支える世代内での助け合い方式をとろ

うが，いずれも社会保障財政の維持が不可能な地域が出てきます。そうした地域からは経済力のある若者や壮年層，富裕な高齢者は出ていくかもしれません。そうなると格差はより拡大します。

　こうした状況をみると，人口減少，高齢化が急速に進む地域への特別の対応策は，地方に任せることはできず，国全体の問題として中央政府レベルで講じていかねばなりません[5]。

　さて，少子化問題を考える時，どのように少子化に対応するか（結果対応）を考えるだけでなく，どのように少子化をくい止めるか（原因対応）を当然考えねばなりません。

　どのようにして少子化をくい止めるか。それは，山田がいうところの少子化の主因への対応にかかっているといえそうです。

　上にみたように，働く女性が子育てしやすい環境を作ることは，女性の就業人口を増やすことになり，労働力減少という少子化問題への対応策となりますが，同時にそれは出生率の増加にも繋がります。したがって，上記の少子化現象（結果）を前提とした，その弊害の軽減あるいは解消を目的とした対策（いわば対処療法）は，少子化を反転させるひとつの契機となるのは確かです。

　しかしながら，現状を考察してみた場合，また長期的視点に立って考えれば，先にみたように「若年男性の収入の不安定化」と「パラサイト・シングル現象」の合わせ技が主因となって未婚率の上昇，出生率の低下がもたらされているとすれば，この問題への対応を第一に考えるような政策体系が求められるでしょう。それは，抽象的表現ですが，「現代の若者が自らの思いに沿った生き方ができる社会の構築」に繋がるものでなくてはなりません。

　国立社会保障・人口問題研究所の「第14回出生動向基本調査」（2010年）でも指摘されているように，現代の若者の結婚と出産に対する意欲はさほど低下していません。ということは，多くの若者は，結婚や子どもをもつことを望んでいるものの，配偶者や子どもをもてないという事態が進行しているということです。そして，そのような若者の人口規模が増加していることが問題なのです。したがって，すべての若者に，希望がもてる職に就け，将来にわたって安定した収入が得られる見通しを与えられるような施策の実施が必要です[6]。

【考えてみよう】

1. 日本と比較しつつ諸外国（フランスや北欧諸国など）の少子化の現状とそれに対する取組を調べてみよう。
2. エンゼルプラン以降，どのように少子化対策の取組はなされてきたか，まとめてみよう。
3. 少子化対策として企業で行われている施策について調べてみよう。

● 注
（1）「出生率」と「合計特殊出生率」とは違います。「出生率」は，ある年に生まれた子どもの数を人口／千人あたりに換算した数値です。たとえば，現在の日本の人口を1億2000万人とし，ある年に120万人子どもが生まれたとすれば，出生率は（120万÷1億2000万／千人）＝10となります。これに対して「合計特殊出生率」は出生率計算の際の分母の人口数を，出産可能年齢（15〜49歳）の女性に限定したものです。たとえば，25歳の女性が100万人いたとし，ある年に25歳の女性が5万人の子どもを産んだとします。25歳の女性だけの出生率は，（5万÷100万）＝0.05。同じように，15歳から49歳の年齢層の女性の出生率を求め，合算したものが合計特殊出生率となります。この数値は，1人の女性（未婚既婚を問わず）が，一生に産む子どもの数の近似値を示すものとされています。
（2） 当時，厚生省人口問題審議会の専門委員を務めていた山田昌弘は，人口学者の専門委員から「晩婚化が起きると，見かけ上，合計特殊出生率は一時的に低下する。だけれども，将来は必ず回復する」という説明を何度も受けたといいます（山田, 2007：5)。
（3） こうした格差は，同一の都道府県内でも発生します。多くの都道府県で，県庁所在地では人口は増え，町村部では減っています。人口を維持できる都市部と，若者，そして子どもが減り，過疎化，高齢化が進む周辺部との2極化が生じるのです。
（4） また，日本では，性別役割分業意識が根強いので，女性は，安定した収入の男性と結婚できるまで待ちます。親は，娘が安定した収入を稼ぐ男性と出会って結婚するまで同居し続けることを認め，またそれを望むという傾向が強いといわれています（2007：13)。
（5） また，先にみたような家族格差を念頭においた対応も必要です。昔も自ら望んだわけではないのに，そのまま一生を送る人，子どもをもたずに生涯を送る人が存在しましたが，その数は少なく彼らは例外視されていました。しかし，現在の若者は，4分の1が結婚せず，40％は子どもをもたないことになります。したがって，彼らを例外視することはできません。

近代国家がそうであるように，日本の社会制度も，ほとんどの者が結婚し，子どもを産み育てることを前提として設計されています。この配偶者や子どもをもたないまま一生を送る人の割合が大幅に増えれば，社会制度の修正が必要になります。まず，現行の家族を単位とした社会保障および福祉制度の見直しが求められます。これは，単に少子化だけでなく，離婚の増大という点からも必要となります。若者の離婚率は30％になると予測されており，今後は，仮に結婚しても子どもをもち離婚しない者は，相対的に少数派となります。であれば，現行の家族（「家」）ではなく欧米のように個人を単位とする制度への見直しが必要となります。
（6）　山田（2007：208-214）。山田は日本の少子化を反転させるために，次の4つの施策が必要だといいます。①全若者に，希望がもてる職につかせ，将来も安定し収入が得られる見通しを与えること，②どんな経済状況の親の元に生まれても，子どもが一定水準の教育が受けられ，大人になることを保証すること，③格差社会に呼応した男女共同参画を進めること，④若者にコミュニケーション力をつける機会を提供すること。

◆ 参考文献
・赤川学（2004）『子供が減って何が悪いか！』ちくま書房
・小塩隆士（2005）『人口減少時代の社会保障改革』日本経済新聞社
・佐藤龍三郎（2008）「日本の「超少子化」―その原因と政策をめぐって―」『人口問題研究』64（2）
・鈴木りえこ（2000）『超少子化―危機に立つ日本社会―』集英社
・樋口美雄・財務省財政総合政策研究所編著（2006）『少子化と日本の経済社会』日本評論社
・本田和子（2009）『それでも子どもは減っていく』ちくま書房
・山田昌弘（2007）『少子社会日本―もうひとつの格差のゆくえ―』岩波書店
・労働政策研究・研修機構（2012）『データブック国際労働比較 2012』

索 引

あ行

ISO14000 シリーズ　189
IT 業界　16
IPLC　75
アウトソース化　70
アカウンタビリティ（会計責任）　97
赤字国債　169
アジア NIES　69
アスベスト　185
ASEAN　69
アベグレン，J.C.　32
アベノミクス　175
アライアンス　89
R&D　54
アンゾフ，H.I.　46
アンドリュース，K.R.　47
e コマース（電子商取引）　17
いざなぎ景気　161
イタイイタイ病　180
一致指数　141
1.57 ショック　200
e マーケットプレイス　70
EU　80
岩戸景気　161
インフレーション　119
ウェルズ，L.T.Jr.　75
失われた 10 年　174
衛星都市　163
SBU　29
M&A　54, 88
LLC　7
LBO　55
エンゲル係数　162
エンゼルプラン　211
円高不況　173
OLI パラダイム　75, 77
OJT　33
汚染者負担の原則（PPP）　182
オリンピック景気　161

か行

会計責任　94
会計報告　100
外国為替レート　116, 126
会社企業　5
外食産業　172
回復　137
外部不経済　181
核家族化　163
格差　175

家計　114
貸し渋り　173
家族格差　207
家族の画一化　205
GATT（関税及び貿易に関する一般協定）　80
合併　16
金のなる木　56, 58
株価　116, 125
株式（stock, share）　9
株式会社　7
株式譲渡制限会社　10
株主　94
株主総会　11
環境アセスメント（環境影響評価）　182
環境汚染物質　191
環境会計　100, 193
環境基本法　182
環境経営　190
環境債務　184, 188
環境情報（開示）　100, 193
環境庁　181
環境にやさしい企業行動調査　189
環境にやさしい製品　103
環境報告書　100, 193
環境報告書作成ガイドライン　194
環境マネジメントシステム　189
監査制度　100
監査役　13
完全雇用　119
官庁企業　8
カンバン方式　37
企業　114
企業合併　54
企業内組合　32, 35
企業内福祉　35
企業の社会的責任（CSR）　105
企業の法令遵守　107
企業買収　54, 88
企業物価指数　120
企業防衛策　104
気候変動枠組み条約　183
技術革新循環　137
基礎的財政収支　130
キチンの波　137
規模の経済　166
キャノン，J.T.　47
QE　136
QC サークル　37
業況判断 DI　146
行政企業　8

京都議定書　183
狂乱物価　169
均衡財主義　161
金融危機　174
金融収支　123
金融の自由化　173
クズネッツの波　137
グリーンインベスター　102
グリーンコンシューマー　101
グリーン調達（グリーン購入）　101
グリーンマーケティング　101
グローバリゼーション　73
『経営と組織』　46
KFS（Key Factor for Success）　50
景気基準日付　138
景気動向指数　139
景気動向指数研究会　138
景気判断　144
経験曲線　56
経済安定化策　157
経済成長の「負の遺産」　185
経済成長率　116, 117
傾斜生産　157
経常収支　123
経団連環境自主行動計画　184
経団連地球環境憲章　184
軽薄短小型産業　41
建設活動循環　137
公害　180
公害対策基本法　180
公害防止条例　181
公害問題　161
公企業　4
公共企業　8
好況　137
合計特殊出生率　200
合資会社　6
公私混合企業　9
「構造不況」業種　171
後退　137
公的固定資本形成　133
公的在庫品増加　133
合同会社　7
高度経済成長　15, 159
高度大衆消費社会　46
合弁事業　88
合名会社　6
高齢化率　214
高齢者人口　201
国際化　73
国際収支（統計）　116, 123
国際収支の天井　160
国内総生産　116

国民所得倍増計画　161
国連環境開発会議　191
個人企業　4
固定相場制　167
コトラー，F.　59
雇用形態の多様化　38
コングロマリット（集成）的多角化　53
コンドラチェフの波　137
コンビナート　160
コンビニエンス・ストア　172
コンプライアンス　107
コンポジット・インデックス　139

さ行

在庫投資循環　137
財閥解体と独占禁止政策　156
再販売価格制度　15
サイモン，H.　20
サステナビリティ（報告書）　106, 107, 193
サプライチェーンマネジメント（SCM）　70
サミット　169
産業政策　216
産業保護政策　159
3C（分析）　59, 163
産出価値額　128
三種の神器　163
CI　139, 140
JIT　37
GRI　106, 194
GHQ　156
CSR報告書　193
シェンデル，D.　47
私企業　4
事業戦略　47, 48
事業部制組織　27
自己集団準拠枠基準（SRC）　81
支出GDP　131
市場開発（開拓）戦略　51
市場浸透戦略　51
持続可能性　106
　――報告書　107
持続可能な発展　106, 189
失業率　116, 117
実質経済成長率　117
GDP　116, 128
GDPデフレーター　120
GDPの三面等価　131
シナジー効果　53
自発的失業　119
資本　115
社会的投資　102
若年労働力　158
社団法人　5

索引　223

重厚長大型（産業）　41, 170
終身雇用制　32
集中（同心円）的多角化　53
ジュグラーの波　137
受託責任　94
純輸出　133
証券取引所　10
少子化（対策）　209, 217
上場　10
上場会社　10
消費者物価指数　120
情報の非対称性　98
職能　22
職能資格制度　40
職能部門　22
職能別部門組織　27
職能（機能）戦略　47, 48
職務（課業）　22
所得格差　176
所得GDP　129
ジョブ・ローテーション　33
所有特殊的優位　78
人口移動　162
人口置換水準　201
新製品開発戦略　51
神武景気　159
垂直的多角化　53
水平的多角化　52
SWOT分析　59
スタグフレーション　169
ステイクホルダー（利害関係者）　3, 94
スピンアウト　54
生産GDP　129
生産年齢人口　201
製造委託契約　86
政府最終消費支出　133
責任と権限　21
石油ショック　168
設備投資循環　137
設備投資　158
CERES　194
ゼロ金利政策　174
繊維産業　14
先行指数　141
全国企業短期経済観測調査　146
全社（全体）戦略　47
戦術　46
戦略　46
戦略同盟　89
相互会社　8
総量規制　182
組織原則　20
組織構造　20, 36

ソーシャルインベストメント　102

た行
大企業　146
代表取締役　11
多角化戦略　52
多国籍企業（MNC）　68
谷　137
ダニング，J.H.　75
WTO（世界貿易機関）　81
団塊ジュニア世代　203
団塊世代　201
短観　146
男女共同参画　211
男女雇用機会均等　212
地域格差　205
地球サミット　191
地球市民　103
遅行指数　141
地代　115
チャンドラー，A.D.Jr.　46
中間投入　128
中堅企業　146
中小企業　146
中流意識　175
朝鮮特需　157
直接投資　87
賃金　115
通信販売　172
DI　139, 140
TOB　55
ディスカウント専門店　172
TPP（環太平洋戦略的経済連携協定）　80
ディフュージョン・インデックス　139
テイラー，F. W.　25
デジタル・ディバイド　176
デフレーション　120
統合報告書　107, 111, 193
東証株価指数　140
都市公害　181
土壌汚染　186
土壌汚染対策法　187
土地　115
ドッジ・ライン　157
トップ・ダウン　37
ドーナツ化現象　163
TOPIX　140
取締役会　11
トリプルボトムライン　106

な行
内部化インセンティブ　78
七大公害　181

NAFTA　80
なべ底不況　160
ニクソン・ショック　167
日米貿易摩擦　177
日経平均株価　125, 140
日本銀行　146
日本的経営　31, 32
日本版ビックバン　173
日本標準産業分類　146
日本列島改造計画　167, 168
年功制　32
年少人口　201
年俸制　41
農地改革　156
濃度規制　182
能力主義　40

は行
花形　56, 57
バーノン, R.　75
バブル景気　16
パラサイト・シングル　213
パリ協定　183
判断項目　146
PRTR（化学物質排出移動量届出制度）　191
東日本大震災　174
非自発的失業　119
PCB　186
ファヨール, H.　20
ファンクショナル組織　25
フォーチュン500　74
付加価値　128
不況　137
福祉政策　216
双子の赤字　172
物価　116, 119
プライマリー・バランス　130
ブラウンフィールド問題　187
プラザ合意　16, 173
フランチャイズ契約　86
フリーター　176
BRICs　68
不良債権　173
フレックス・タイム制　41
ブレトンウッズ体制　159
プロジェクト組織　27, 29
プロダクト・ポートフォリオ・マネジメント　55
プロダクト・マネジャー制組織　31
プロダクト・ライフ・サイクル　56
分配GDP　130
ベビーブーム　200
変動相場制　167
ポーター, M.E.　59
ボトム・アップ型　36
ホファー, C.W.　47

ま行
マクロ経済学　114
負け犬　56
マーケット・チャレンジャー　64
マーケット・ニッチャー　64
マーケット・フォロワー　64
マーケット・リーダー　63
摩擦的失業　119
マトリックス組織　27, 29
マネジメント契約　87
マネジメント・バイアウト（MBO）　104
ミクロ経済学　114
未婚率　207
水俣病　180
民営化　174
民間企業設備　132
民間在庫品増加　132
民間最終消費支出　131
民間住宅　131
名目経済成長率　117
メインバンク　15
モチベーション　41
持株会社　16
もの言う株主　104
問題児　56, 57

や行
山　137
有限会社　6
融資総量規制　173
輸出主導型　159
四日市喘息　180
四大公害　180

ら行
ライセンス契約　85
life-time commitment　43
ライン・アンド・スタッフ組織　25
ライン組織　24
利子　115
リストラクチャリング　173
立地特殊的優位　78
量的緩和　174
稟議制度　32, 36
レーガノミックス　172
労働　115
労働集約型企業　16
労働集約産業　170
労働の民主化　156

編著者紹介

釜賀　雅史（かまが・まさふみ）

1951 年生まれ
1987 年　早稲田大学大学院商学研究科博士課程後期満了。
現在　名古屋学芸大学ヒューマンケア学部・同大学院教授
主要著書　『文化現象としての経済』（共著）学術図書出版，1995 年
　　　　　『日本経済の基本問題』（共著）実教出版，1998 年
　　　　　『現代の企業と経営』（単著）学文社，2003 年
　　　　　『日本経済を読む』（単著）学文社，2004 年
　　　　　『現代企業とマネジメント』（共編著）ナカニシヤ出版，2008 年　ほか

岡本　純（おかもと・じゅん）

1962 年生まれ
1989 年　リンカーン大学 MBA 取得（アジアマーケティング専攻）
現在　名古屋学院大学商学部・同大学院経済経営研究科教授
主要著書　『環境経営論の構築』（共著）成文堂，2002 年
　　　　　『現代企業とマネジメント』（共編著）ナカニシヤ出版，2008 年
　　　　　『現代の流通論』（共編著）ナカニシヤ出版，2012 年
　　　　　『マーケティング・オン・ビジネス～基礎からわかるマーケティングと経営～』（共編著）新世社，2015 年
　　　　　『商学概論』（共著）中央経済社，2019 年　ほか

現代日本の企業・経済・社会　第2版

2013年4月10日　第1版第1刷発行
2019年4月25日　第2版第1刷発行

編著者　釜賀　雅史
　　　　岡本　純

発行者　田中　千津子
発行所　㈱学文社

〒153-0064　東京都目黒区下目黒 3-6-1
電話　03（3715）1501 ㈹
FAX 03（3715）2012
http://www.gakubunsha.com

ⓒ Masafumi KAMAGA & Jun OKAMOTO 2019　　Printed in Japan
乱丁・落丁の場合は本社でお取替えします。　　印刷　新灯印刷㈱
定価は売上カード，カバーに表示．

ISBN978-4-7620-2899-1